你早该这么沟通

甘田东 编著

煤炭工业出版社

· 北 京 ·

图书在版编目（CIP）数据

你早该这么沟通 / 甘田东编著．--北京：煤炭工业出版社，2015（2023.6 重印）

ISBN 978-7-5020-5000-9

Ⅰ.①你… Ⅱ.①甘… Ⅲ.①人际关系—通俗读物 Ⅳ.①C912.1-49

中国版本图书馆 CIP 数据核字（2015）第 220103 号

你早该这么沟通

编　　著	甘田东
责任编辑	刘新建
特约编辑	郭浩亮　汪　婷
责任校对	刘少辉
封面设计	@嫁衣工舍
出版发行	煤炭工业出版社（北京市朝阳区芍药居 35 号　100029）
电　　话	010-84657898（总编室）
	010-64018321（发行部）　010-84657880（读者服务部）
电子信箱	cciph612@126.com
网　　址	www.cciph.com.cn
印　　刷	三河市金泰源印务有限公司
经　　销	全国新华书店
开　　本	710mm×1000mm 1/16　印张　14　字数　200 千字
版　　次	2015 年 11 月第 1 版　2023 年 6 月第 3 次印刷
社内编号	7846　　定价　36.80 元

前言

说话是一件容易的事情，但如果想把话说好，可不是那么简单了。古语有云：“一言可以兴邦，一言可以误国。”一位西方名人也曾说：“眼睛可以容纳一个美丽的世界，而嘴巴则能描绘一个精彩的世界。”可见会说话是多么重要的一件事。人生的成败有时是由说话水平所左右的，说话有技巧，才能在职场、商场、情场等各种场合中如鱼得水、游刃有余。然而要想真正掌握说话技巧，把话说得巧妙、说得到位、说到对方的心坎里，就必须懂点沟通心理学。

现如今的社会各个方面都需要沟通，需要交流。而人与人之间交流、沟通最直接的途径就是语言。只有通过出色的语言表达，才可以使相互熟识的人之间产生浓厚的情谊，爱之更深；使陌生人之间产生好感，结成友谊；可以使意见有分歧的人相互理解，消除矛盾；可以使彼此怨恨的人化干戈为玉帛，友好相处。反之，如果不懂得察言观色，不讲究说话策略，很可能会祸从口出，伤人伤己。人才不一定会说话，但会说话的人一定是人才。要知道，世界上大多怀才不遇的人，可都是吃了不会说话的亏。由此可见，说话没点心理策略可不行，要想在各种场合无往不利，可要注意别让不会说话害了你。

那么，怎样才算是会说话呢？口若悬河，滔滔不绝，出口成章，庄谐杂出，旁征博引，引经据典，固然是好口才。然而，语言学家王力说：“泼妇骂街往往口若悬河；走江湖卖膏药的人，更能口若悬河，然而我们并不承认

他们就等于会说话。”说得多不代表会说话，天天说话也不见得会说话。会说话既是一门学问，也是一种艺术，这门艺术并不是与生俱来的，而是从现实中锻炼出来的，俗语中的“一分天才，九分努力”就是这个道理。说话作为一门生存艺术，是每个现代人所必须具备的能力之一。

可以说，会说话就是资本。要想拥有一个健康、美好的成功人生，必须把握好听者的心理，把话说到对方的心坎里。生活中，一张巧嘴可以使得家人和睦、邻里相依、生活幸福；事业中，一张巧嘴可以让我们打开多路渠道，集结客户、增长业绩；恋爱中，一张巧嘴可以使恋情更加甜蜜，从而促成美满的婚姻；交往中，一张巧嘴可以广交朋友，让友谊之树长青……话说得好坏，往往在很大程度上能影响一个人的人生轨迹。说话没点心理策略，等于拿自己的前途当赌注。

本书以生动真实的事例，深入浅出地向你展示了如何在社会生活中巧妙地运用沟通心理学，察言观色、把握时机、知己知彼，既把话说得恰到好处、滴水不漏，又能让人感觉你的话语娓娓动听、如沐春风。本书具有较强的实用性和针对性，是广大读者掌握及提高说话水平的重要工具。相信通过阅读本书，能够有效帮助你提高语言表达能力，在短时间内成为一名说话高手，让你更好地把握主动，在人生的道路上走得更加扎实、更加稳健！

目录

第一章　他们的成功，除了靠一张嘴还靠什么“混”出来的

第二章　天天说话不见得会说话，别让不会说话害了你

第三章　练就魔鬼说话术，一定要懂的6大心理策略

第四章　时机：什么时候说话最容易打动人心

第五章　人性：为什么狗是世上最善交友的动物

第六章 话语冷读术——瞬间打开对方心扉的方法

第七章 如何把话说到对方的心坎里

第八章 话语洗脑术——让人无法说“NO”的说服术

第十一章　说话有禁忌：说话有分寸，才不会乱了方寸

第十二章　说什么，如何说：超级演说家这样教你当众讲话

第一章

他们的成功，除了靠一张嘴还靠什么“混”出来的

谈话过程中，当我们遇到复杂、深奥的问题需要回答时，如果能运用生活哲学，巧妙地结合生活中人们耳熟能详的事例加以阐述，不仅能让你的谈话另辟蹊径、化繁为简，还能起到形象生动、通俗易懂、别开生面的效果，让你的谈话给人留下深刻的印象。

1. 别傻了，你不会真的以为马云的成功只靠一张嘴吧?

1999年，正当秋高气爽、暑威尽退的10月，各界互联网企业家齐聚北京，各位名人志士轮流上台分享自己的项目。其中，一名穿着简单，只拿着半张纸的矮小青年也上去了。可谁都没想到，就这一个毫不起眼的青年仅仅用了6分钟时间演讲，便说服了软银集团董事长、国际知名投资人孙正义向他刚刚起步的企业——阿里巴巴投资2000万美元。这个青年便是马云。

话说当时马云收到了摩根斯坦利亚洲公司资深分析师古塔的电子邮件，在邮件中古塔告诉马云，有一个人“想和你秘密见个面，这个人对你一定有用”。

当马云赶到约定的地点时，古塔告诉他的秘密约会其实并非马云原本想象中的二人会谈，而是一次规模比较大的项目评介会，而那个“有用”的人便是软银的董事长兼总裁孙正义。

因来访的人太多，每人只有20分钟的时间来演讲。当投影仪调出了阿里巴巴网站的页面时，马云站起来作了几分钟的演讲，介绍阿里巴巴为何物，阿里巴巴正在做的和将要做的事。

马云仅仅开讲了6分钟，就被孙正义打住了。孙正义当即表示了他略显强烈的投资意向，他问马云需要多少钱，然而在这位投资家面前，马云的回答却十分令人吃惊——他不缺钱。孙正义反问道：“不缺钱，你来找我干什么？”马云的回答则显得有些孩子气，当然这与他的个性有关：“又不是我要找你，是人家叫我来见你的。”

这样的对话，现在看来是非常具有戏剧性的。究竟马云是真的觉得不缺钱而说了实话，还是为了吸引注意而使出他欲擒故纵的看家本领，或许只有马云自己心知肚明，旁人自是无法揣测。

在这6分钟里，马云抓住了孙正义的心理，成功地说服了孙正义。首先，马云运用了“心理共鸣”的演讲方法，谈自己的目标，让孙正义从中看到了自己年轻时的影子。当初孙正义创建软银公司时，与许多青年创业者一样，除了拥有激情和梦想外，没钱、没经验、没人脉，但他有梦想成为日本、甚至是全球知名的成功人士，想做一件改变世界的事情。马云在谈论他的目标时，双眼闪烁着坦诚与真实的“梦想和激情”，打动了孙正义。其次，马云坦诚地分析了他的公司，表明了他的诚意。美国心理学家兼作家艾琳·C·卡瑟拉曾说过：“诚实是力量的一种象征，它显示着一个人的高度自重和内心的安全感与尊严感。”马云恰到好处地利用这份力量，牢牢地抓住了孙正义的心。最后，马云本身的语言能力也是不得不让人佩服的，听过马云演讲的人，总会有一种很深刻的感受：幽默与智慧隐藏于其含蓄、自嘲的口吻中，幽默不失智慧，含蓄不失真诚，中庸不失真实，自嘲不失品位。有人说马云是一个战略家，准确地看到了互联网中蕴含的商机；有人说马云是一位出色的演说家，凭借一张嘴把自己创业的阿里巴巴公司炒出50亿美金；有人说马云是创业者的精神导师，鼓励着一批批有志者投身于创业行列。然而，我觉得最为准确的是马云的好友对他的描述——心理学大师。

我们一直很奇怪，为什么马云的团队那么可靠，那些人愿意辞职、愿意没饭碗、愿意抛弃一切跟着马云干呢？而且，70后的那批人都很传统且精明，一般都不会做出“离经叛道”、脱离正轨的事儿，但他们就愿意改变生活轨道跟着马云干，愿意跟他挨饿受穷，愿意和他一起失败，愿意和他几起几落。

他的好友说：“那帮人就愿意跟他干，因为马云是心理学大师，他能搞定那些人的心。”在马云的公司里，员工把他当偶像；创业团队始终不离不弃；一批已经是百万富翁的员工依然激情澎湃。你可以理解成，马云是一位催眠大师，把员工和团队成员都催眠了，让他们舍弃一切跟从他；你也可以理解成，马云是一位特别厉害的心理学大师，总能把握他们的心理，把话说到他们的心坎里去，说服了他们。

在谈话过程中，很多人习惯性地以“我”为中心，滔滔不绝。这样一来，谈话就会变得单调无趣，让听者厌烦。其实，在我们的谈话中，可以像

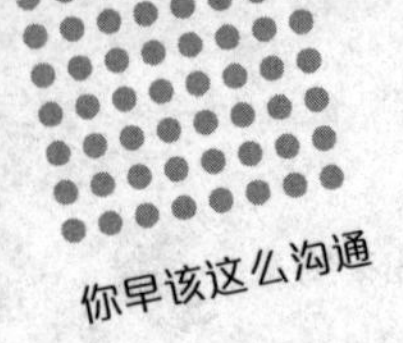

马云一样，把“我”换成“我们”或者“你”。

马云说：“什么叫没钱？不是说你饭都吃不饱了，如果真是那样，你不如去救济站领取城市最低生活保障来得实在。如果你做网站就是为了赚融资，准备‘花美国股民的钱’，那也要假设一个融不到资的情况，毕竟你身边你的部下你的兄弟都在看着你，唯你马首是瞻，你自己爬不好摔死了是你活该，但是砸死一堆兄弟就是你的不对了。不要眼高手低，踏实做事的人才有收获。”在这段谈话中，马云始终没有出现一个“我”字，增加了谈话中的豪言壮语美韵，更在无形中拉近了与听者的距离。

说豪言壮语的人，本意是要带给别人希望，让自己喜悦的同时，也想要让别人喜悦。如果你只是以自己为中心地去说话，听话的人感觉不到你的诚意，因为你没有照顾到他们的感受。在你的话里，没有可以令他们喜悦的地方。当你谈话的中心偏离谈话对象的时候，就会给对方造成你没有把他们放在心上的感受和体验。此时，对方的喜悦程度降低了，你带给他们的希望也大打折扣。

我们在说话的时候，就好像驾驶汽车，应随时注意交通标志，也就是要随时注意听者的态度与反应。如果红灯已经亮了仍然向前开，闯祸就是必然的了。而避免这种尴尬情况的唯一方法就是少谈自己，多谈对方，要掌握语言的“交通规则”。

聪明人在与别人交谈的时候，总是会竭力忘记自己，不总谈自己个人的事情，而是多谈对方的事情。事实上，当你以充满热诚或同情的心去听对方叙述时，你一定会给对方以最佳的印象，他（她）也会有跟你进一步亲近的愿望。因为人的心理本就非常微妙，对于这种信息，往往比较敏感。

为此，要做一个会说话的人，我们就应该用真诚去对待对方，时刻记住把对方放在心上，少说“我”多说“你”，并且常常用“我们”来做开头，把对方包括进去，那么你就一定能够成为一个大家都喜爱的谈话对象。

沟通不能只靠理性，还必须把双方的情感互动纳入考虑范围。因此可以说，马云的成功并不是只靠一张嘴，更需要的是懂得说话的心理学，把话说到对方的心坎里去，才能让你的嘴助你成功。

2. 地产大佬冯仑靠一张嘴忽悠到500万，你不会真信了吧？

1988年，“全民经商”的浪潮早已漫卷全国，总面积不足30平方公里的海滨小城——海口一跃成为中国最大的经济特区的首府，吸引着一群群“淘金者”蜂拥而至。就在这个金钱暴涨速度足以让所有人疯狂的地方，冯仑成功地掘到了事业起步的“第一桶金”。

冯仑是怎么做到的呢？

1991年，手里只有3万元的冯仑找到一家信托投资公司的老总，大谈海南房地产的机会以及自己的为人和出身。初步取得对方认可后，冯仑又开始讲自己也刚刚弄明白的新名词“按揭”，他告诉对方这是一种全新的做房地产的形式，用很少的钱就可以做很大的项目，对方听得似懂非懂。谈话的目的当然是从对方那里拿到钱，冯仑的本事在于他的“懂人”和“会说”，他能在极短的时间内找到打动对方的那一句话。“就那么一句，不会说，说一辈子也说不出来；会说，三分钟就能将这句说出来。”谈完“马上就能赚到钱”的规划，冯仑盯着对方的眼睛说：“这一单，我出1300万，你出500万。我们一起做，你干不干？”对方点头同意。

之后，冯仑在最短的时间内将手续办完，在最短的时间内把钱拿了回来。冯仑拿着这500万，又迅速从银行贷出了1300万。这单生意，冯仑的确出了1300万，但这1300万是用对方的500万作抵押，从银行贷出来的。如果没有冯仑凭嘴“忽悠”来的这500万，只有2万元注册资金的万通，可能什么也做不成。

冯仑他们用这1800万买了8栋别墅，重新包装之后全部卖出，大约赚了300万。这就是冯仑和万通在海南土地上掘出的“第一桶金”。

很多人说冯仑是靠着一张嘴“忽悠”了那么多钱，然而在这一场谈话中，我们不得不佩服冯仑“忽悠”人的本事。冯仑抓住了“三人为虎”的心理特点，也就是冯仑后来曾表示的：“做生意的人都特别能‘说’，而且你会发现，尤其是创业者，他们会就一件事情不停地说，说过之后，当着你的面还可以重新讲给别人听，一点心理障碍都没有。要没有心理障碍地对某一件事情反复地讲，讲到最后连你自己都相信了，然后你才能让别人相信。”冯仑也正是把握好这一点心理，不停地说，让对方认可了他。

一提起万通控股董事长冯仑，我们脑海里很快蹦出一连串经典语录，诸如“伟大是熬出来的”“一个好的企业家就是一个好的大和尚”“民企三境界：小姐心态、寡妇待遇、妇联追求”等，这些耸人听闻的比喻背后，往往藏着令人会心的哲理。

言辞犀利并不代表个性张扬，冯仑颇懂自律。更兼言论所散发的锋芒难免遮掩他的本来面目，以致很多人能够将他的“语录”倒背如流，却不晓得“冯仑是谁”。

为了“免得别人胡说八道”，冯仑甚至为自己写好了墓志铭：“资本家的工作岗位，无产阶级的社会理想，流氓无产阶级的生活习气，士大夫的精神享受；喜欢坐小车，看小姐，听小曲；崇尚学先进，傍大款，走正道。”典型的“冯式语言”，轻松自嘲后却是一番认真。

当年地产调控风声鹤唳之时，有记者问冯仑如何理解“开发商频频亮相媒体，甚至将地产娱乐化”的现象，冯仑自然听得出弦外之音，他自我解嘲道：“为了企业的生存和发展，我不惜牺牲‘色相’，在媒体上露脸。毕竟，失节事小，饿死事大。”自此留下了地产江湖颇负盛名的段子。

拨开调侃的面纱，在房地产市场暗流汹涌的博弈下，“失节事小，饿死事大”，何尝不是道出了民营企业生存的苦衷和朴素底线？企业家通过个人言论和影响力传达公司价值理念，提高品牌知名度，推动企业发展，往往是草根创业者的一种精神付出。冯仑有悖千年传统的言论，直白中自有深意。

他一语道破民营企业在困难时期“活下去”并“活长久”的愿望及方法，“活着才是硬道理”。

自嘲、思变，但不抱怨、散播负能量、给社会添乱。冯仑恪守着他的原则，指点江山，纵横捭阖，抒发商道感悟，挥洒快意人生。对于冯仑，戴着镣铐的舞蹈，是对自由之美的更高层次的追求。一切皆源于他永不停止的思考。

冯仑善于观察生活，巧用生活语言，阐述价值观，把话说到别人的心坎里去，让人不得不折服。有一次，冯仑被邀请参加一个高峰论坛。有位记者问：“您认为买卖人和企业家有什么不同？”冯仑笑着说：“买卖人和企业家最大的不同之处就在于一个如上公园跑步锻炼的老人，一个如刘翔一样科学训练。那些老人，什么时间跑、跑多快，自己决定，不在乎别人看不看，没有一个规则，自己舒服就可以了，这是买卖人的心理。企业家则完全不同，像刘翔一样，每天都得训练，每一块肌肉都要按世界标准训练，很多人看着你跑，跑的过程还要录下来，跑完了还要去拿奖，这就是企业家。企业家要按照标准动作、标准姿势、标准的游戏规则塑造自己的组织架构，只有这样，这个企业才能壮大。”

买卖人与企业家有什么不同？面对这样一个宽泛的问题，冯仑仍旧风趣简洁，把公园跑步的老人和刘翔分别比作买卖人和企业家，以此来生动形象地点出买卖人的自由随性和较少受到关注，而企业家则科学指导性强、受关注度程度高。这种借用生活中人们熟知的对象来说明道理的方法，形象生动，深入浅出，容易被接受。

谈话过程中，当我们遇到复杂、深奥的问题需要回答时，如果能运用生活哲学，巧妙地结合生活中人们耳熟能详的事例加以阐述，不仅能让你的谈话另辟蹊径、化繁为简，还能起到形象生动、通俗易懂、别开生面的效果，让你的谈话给人留下深刻的印象。

3. 广告大腕的自白：我们是如何让客户点头如捣蒜的？

一个意气风发的职业经理人，一边走着一边拿着手机不停地说话，“OK、OK、OKOKOK；OK、OK、OKOKOK……”完全没注意到脚下的路，眼看他就要掉进前面的一个没有盖好井盖的地下井里，电视机前的观众们的心都提到了嗓子眼，有的为他揪心，巴不得赶过去把他拉到一边，也有的幸灾乐祸等着看他的笑话。说时迟，那时快，一名头戴工作帽的工人从井下爬上来，职业经理人踩下去的瞬间刚好踩到工人的工作帽，于是顺利地走了过去，嘴里依旧说着：“OK、OK、OKOKOK！”而后一句“喝福星酒，运气就是这么好！”让全国观众牢牢地记住了福星酒。福星酒是金六福系列产品，对这样的强势品牌，创意就显得格外重要。福星酒最大的卖点就是福气，毕竟还有什么比“逢凶化吉，遇难成祥”更令人难忘呢？

于是，观众在不知不觉中便被广告大腕叶茂中的广告画面给说服了，在需要的时候，也会自然而然地想起他的广告产品。那么，作为一个广告人，如何让客户点头如捣蒜呢？利用感官协同记忆法，用视觉参与让客户记住广告内容。有研究表示，人在记忆时会调动视觉、听觉、触觉共同参与记忆过程，使记忆时高度重视眼看、耳听、口念、手写、脑思等多种感官协同作用，叶茂中也刚好把握住了客户的心理，让客户的感官参与到广告中，从而对广告内容有了深刻的记忆。

“广告人只有真正帮客户发现问题并解决问题，才能得到客户的认同和尊敬。客户是树，广告人是藤，没有树的成长，就没有广告人的攀援向

上。”叶茂中的广告无不遵从这一原则，作为广告人首要的是作品，那种帮客户推销出产品的广告作品。好广告的标准是能推动产品销售而不是获奖。在我们的生活中，思维或者行为总是受一定的原则或道德规范限定。人们常说过去的人单纯、现在的人复杂，原因之一便是从前指导、约束人们行动或思维的原则很单一，而现在则是想法太多、标准太多。

然而，叶茂中始终认定了广告是为了销售，否则就不是在做广告。因此，在策划“卡尔比”系列乳酸菌饮料广告时，叶茂中团队首先了解到该产品定位在儿童乳酸菌饮料，消费对象主要是3–13岁的少年儿童，主要市场为福州市及周边地区。

当时福建市场主要有三大品牌占主导地位，它们是“娃哈哈”、“乐百氏”和“卡尔比”。因此，1998年“卡尔比”的竞争对手很明确，就是中国两大名牌——“娃哈哈”和“乐百氏”。

福建是“卡尔比”几年来苦心经营的市场，1993年至1996年，盈利每年都以100%的速度递增。但由于“娃哈哈”和“乐百氏”这两个品牌的冲击，“卡尔比”1997年的发展势头被遏制了，在有些地方甚至倒退。这就是当时“卡尔比”所处的不利位置。

在充分了解市场并剖析市场之后，叶茂中团队列出了“卡尔比”市场营销的机会点和问题点，向莱菌达公司提出了一系列营销策略，广告诉求策略在其中占据着重要位置，而广告方面的重头戏依然是广告片。

在福建与幼儿园的孩子接触，叶茂中团队发现孩子们的世界远比大人有趣得多。天马行空的幻想充满了他们的小脑袋，凭借着幻想，他们可以上天入地，主宰世界。你可以说这是幼稚，也可以认为这是了不起的想象力。从孩子们的嬉戏中，他们找到了“卡尔比”广告片“变变变篇”的创意。

广告片的摄制工作在一片紧锣密鼓中展开。经过25个日日夜夜的玩命，“变变变篇”终于制作完毕。在片中，太空战士、蜗蛹侠、阿拉伯公主和美丽的花仙子，都是卡尔比神奇魔力的一一显现。

广告片在客户审议时一次通过。很快，“变变变篇”便迅速在福建全

省投放，“我喝卡尔比，我变”一下成了孩子们的口头禅。不仅孩子们，大人们也知道了有一个会“变”的卡尔比。广告的精确制导目标就是：“找对人，说对话；见什么人，说什么话”。给小孩看的广告，成人不喜欢，无所谓；给女人看的广告，男人不喜欢，无所谓；给普通社会大众看的广告，小资不喜欢，无所谓。广告决不是要所谓的“雅俗共赏”。作为广告人，叶茂中正是把握住了消费者的定位，才让消费者信任被广告的产品，从而让客户无话可说只有点头称赞。

4. 以锤子的发布会为例，我们从老罗身上能学到些什么？

“像我们这样的小厂商”这是老罗在锤子手机发布会上提到最多的一句话，2014年5月20日晚上8点不到，罗永浩与他的锤子科技，终于将其“理想国的手机”——SmartisanT1带到了我们面前。这款手机的外观如何像苹果也罢，不以硬件为卖点却还大肆吹了一番硬件也罢，本来不怎么被看好的SmartisanOS赢得了部分媒体和消费者的追捧也罢，我觉得这些都不是关键，甚至这部SmartisanT1都不是关键。关键的是，Smartisan带来了一场人人参与的盛宴，既能够满足粉丝，而粉丝又满足了投资者。

SmartisanT1说到底，只是老罗整桌宴席的一道前菜，甚至连前菜都算不上，只是一道开胃点心而已。老罗的这桌宴席，并非是要烧给普通的消费者吃——当然消费者愿意花钱去买一部SmartisanT1，老罗应该还是挺高兴的，毕竟是自己花心思去做的东西。

那么老罗的这桌宴席是给谁吃的呢？很显然，当然是那些打着“天使”名义的风险投资者。风险投资者自然不会白白给你钱，他们不是慈善家，即使慈善家一样也要沽名钓誉。风险投资给你钱，自然是要看你的企业发展前景。老罗凭借SmartisanOS和SmartisanT1两场发布会，向投资者证明了一点：老罗是有影响力的，也是有市场的。

那么老罗的影响力和市场有多大呢？这就关系到我最前面那个假设的答案了。第一款产品的销量不能太差，但显然也有限，因此对于老罗来说，自然不能随便就说一个销量数字，无论多了还是少了，都会影响投资者的看

法，而这对于“缺钱”的老罗来说，都是致命的。

老罗与他的锤子手机发布会于是非常高调地举办了起来，即使是媒体要求参加，都要自行报名申请，且对外地媒体不负责接待，像我这样的人，就是自掏腰包去参加的，连个公司报销都没有。现场的媒体不少，粉丝也不少，乌压压几千人，让老罗如同教主一般被膜拜，或者被嘲讽，但大家确实都很关注他。

老罗最大的本事，不是做产品，也不是什么工匠情怀——老拿“情怀”这玩意儿来说事，就好像卖茶叶蛋一定要扯上台湾综艺节目一样。老罗最大的本事，自然是其本身的魅力和感染力，很多参加发布会的人都说“去听老罗说相声”，也就是都冲着老罗去的。因此当其花费3个小时，带着这样一款还不错的产品，再次让他的粉丝充实信仰之后，也会让投资者看到他的价值所在。

至于从一开始就被老罗指名道姓的各个品牌，自然无需多虑，至少就目前来看老罗和他的SmartisanT1，并不像是一款能够跑大量的产品——不要跟我说，几十万台也是量，这养不起任何一个完整的品牌厂商。唯一有点担心的或许是雷军，大家的戏码比较接近，只是演戏的方式不一样。不过雷老板家大业大，比起有些穷的老罗来说，自然不是一个量级，因此现在也不必放在心上。

老罗是一个个性有些别扭的人，这个人非常执着，他认定的事就必须做下去，这或许是所谓的工匠情怀。因此当这样的人去做一款产品，无论他懂或不懂，他都会尽量去做好。虽然就我个人而言，对其富有感染力的解说毫不感冒，甚至表示“我高冷，你们慢慢笑”，但是对其做产品的态度依然是认可的。说Smartisan带来了一场人人参与的盛宴虽然有些造作，但也不缺真情，如此热血让我想到了那些早已作古的少年类漫画。

如果光谈硬件，这款SmartisanT1并不怎么样，抛开见仁见智的设计不谈，光说硬件配置，售价1999元的一加手机和售价1699元的中兴天机，并不比它差，整款产品的槽点实在太多。老罗把自家SmartisanT1的硬件说得有多

棒，其实这些卖点在其他产品上已经屡见不鲜，因为这些都是可以买到的。至于双音量键、拆后盖插SIM卡、加厚电池什么的，我不怎么喜欢，也不想多说。

真正打动人的则是SmartisanOS，重新设计的图标、方便的移位排列、背景色的变化等，这些小细节其实没什么技术，但却显得很贴心，这些确实是一位有执着心的人才会去做的事。而在很多所谓的“工程师主导”厂商中，这些是做不到的。因为厂商的老板，往往会为了迎合大众，将好的创意阉割掉。

看过老罗锤子手机，你会发现它的创意、设计并不比其他国产品牌高明或是强多少，而且市面上也不乏一些相当不错的国产品牌内部的ID设计图和UI演示视频。锤子手机和其他同类产品的最大差距在于完成度。老罗或许90%或是更高地实现了原本所设想的东西，但是其他品牌在实现过程中丢失了多少、妥协了多少，或许他们自己心里都明白吧。SmartisanT1未必有多好，但它真的挺认真。

5. 2014年白宫记者协会演讲，“段子手”奥巴马19分钟搞定记者

美国华盛顿当地时间2014年5月3日晚，美国总统奥巴马在夫人米歇尔的陪同下，出席了一年一度的白宫记者协会晚宴。白宫记者协会成立于1914年，是美国政府与媒体记者沟通的桥梁。上世纪30年代后，时任总统参加年度晚宴成为惯例，而总统发表幽默演说更是晚宴的一大特色。

2013年，奥巴马的表现可谓“登峰造极”：持续20多分钟的演说中，笑料包袱抖个不停，全场笑声不断。相较之下，奥巴马今年抛出的笑话略显陈旧，但幸好他有“奥巴马医改”救场。

“我们推出在线参保网站，本该做得更好。”对于问题频出、饱受诟病的在线参保网站，奥巴马极尽自嘲之能事，“2008年，我的竞选口号是‘我们能做到’。2013年，我的口号变成了‘control-alt-delete’（用来重启电脑的键盘按键组合）。”

奥巴马继续说道：“不过，这也是一件好事，如果没有这个总是崩溃的糟糕网站，好莱坞怎么可能会有灵感拍出年度大热电影《冰雪奇缘》（英文原名为《Frozen》，意为“冻结”）呢？”说话间，奥巴马身后的大屏幕上出现了《冰雪奇缘》的电影海报。

在展现幽默的同时，奥巴马不忘提及政府部门为改进在线参保网站做出的努力。演讲时，奥巴马播放的一段视频突然卡住了，他问道：“有人知道怎么修吗？”

在台下观众的一片笑声中，当时的美国卫生和公共服务部部长西贝利厄斯站起身来回答说：“我知道！我一直都在密切关注它！”随后，西贝利厄斯走上台摆弄起电脑，令视频恢复正常播放。2014年是代表白宫记者团的白宫记者协会成立100周年，而白宫记者协会举办的这个晚宴，已经成为华盛顿年度传统。每年春天，华盛顿的著名人物都会赴宴，聆听总统和一些喜剧主持人的“脱口秀”。在晚宴上，奥巴马频频展现幽默，拿自己、共和党人和媒体“开涮”，网友调侃其是“段子手奥巴马”。虽是玩笑，却也真实反映了奥巴马总统任上几多不易。

奥巴马先自嘲了医保网站、支持率和NSA等糗事，然后对着CNN、MSNBC和福克斯新闻挨个开火，又把保守派大佬们黑了个遍。

“这些天，共和党人对付博纳比对我狠多了，或许橙色真的是一种流行色。”奥巴马如此调侃总对自己放炮的众议长博纳。（博纳之前因晒日光浴把自己晒成了橙色而非古铜色，因此受到媒体嘲笑）

奥巴马又调侃了在大选时强调他出生于肯尼亚的福克斯电视台：“福克斯，等我卸任你们一定会想我，因为让美国人相信希拉里出生在肯尼亚一定更难。”

在晚宴上自黑的，不只美国总统，已经71岁的副总统拜登，也不计形象逗记者开心，与好莱坞明星拍了个搞笑视频，在里面他开跑车、搞刺青，还在白宫厨房偷吃一大桶冰淇淋，结果被一向推广“健康饮食”的美国第一夫人米歇尔抓到，只得弃冰淇淋投降。

自黑，已经成了一种流行。

这里的“黑”可不是一种颜色，而是一个动词，意思是“揭露短处”。在很多时候，自黑是对生活的自嘲，是一种“放下伪装和防备，活得轻松一点儿”的生活智慧。在社交网络时代，“被黑”与“自黑”巧妙地发挥着群体互动的功能。“黑”优势群体，大众实现了心理平衡，而优势群体的“自黑”则巧妙地软化了阶级矛盾。

在这个人人缺乏安全感的年代，比起“被黑”，显然“自黑”安全得

多。因为暴露自己缺点的人是自己，被揭露的缺点可以自行选择，被揭露的程度也可以自己把握。因此，作为一种博取大家喜欢的手段，“自黑”被大众人物运用得愈发得心应手，定期的自我爆料和自我揭短是“吸粉”的好机会，不仅能将丑闻控制在自己可接受的范围内，同时拉近了与大众的距离，塑造了幽默洒脱的个人形象。

奥巴马正是通过“自黑”，让民众不好意思去攻击他的政治主张，从一定程度上巧妙地软化了美国的阶级矛盾。同时，拉近了与大众的距离，给自己塑造了幽默洒脱的个人形象。

自黑，绝对是宣泄积郁、改善氛围的良方，在一些情况下，把握好技巧，自黑绝对能成为反嘲别人的武器。不过在使用这项技能的时候，也得有一定技巧，否则一不小心就会演变成自我辱骂了。

（1）时刻淡定。人只有在情绪平稳的时候，才能收放有度地进行自黑，否则容易在怒气冲天的时候说出不合时宜的话来，不仅影响谈话的氛围，还容易给大家留下一个冲动暴躁的印象。

（2）保持微笑。自黑，就是自我嘲笑，既然如此当然少不了一个“笑”。都说微笑是最好的语言，在很多场合里，相逢一笑泯恩仇，再加上几句自黑的话语，自然更容易让对方接纳你以及你的意见，还会给大家看到你大度的一面。

（3）短处入手。自黑总要有个切入点，如果实在不知道从哪里入手自黑，不妨就从自己的长相或者做得不好的事情入手，先把姿态放低。人都是同情弱者的，在面对那些不如自己的人时，会表现得很友好。

第二章

天天说话不见得会说话，别让不会说话害了你

对于同一件事情，会说话的人把事情往好的方面说，给别人带来好的心情，有利于调动他人的积极性，使事情向好的方向发展；不会说话的人说出的话，对人对己都不利。

1. 人才不一定会说话，但会说话的人一定是人才

清朝时，有一天乾隆皇帝一时兴起，宴请大臣，众臣们喝得顺畅吃得开心。看着一派其乐融融的景象，乾隆顿时诗兴大发，出了上联：“玉帝行兵，风刀雨箭云旗雷鼓天为阵。”

乾隆要求百官对下联，结果谁都对不出来。看到竟然没人能对得上，乾隆这时更来兴致了，为了显示自己的才华，乾隆便点名让纪晓岚来答对，想让这位才子在众臣面前出丑。

才子纪晓岚想了一会儿，便对道：“龙王设宴，日灯月烛山肴海酒地当盘。”语音未落，群臣们相继发出赞叹不已的声音，似乎是感谢纪晓岚帮他们解了围。

然而，乾隆就不那么高兴了，他面上隐带怒色，半晌沉吟不语。

见此情景，纪晓岚知道自己得罪了皇帝，便赶紧说道：“圣上为天子，所以风、雨、云、雷都归您调遣，威震天下；小臣们都是酒囊饭袋，因此希望连日、月、山、海都能在酒席之中。可见，圣上是好大神威，而小臣只不过是好大肚皮而已。”

乾隆一听，便露出笑脸，连赞纪晓岚，道：“尽管饭量甚好，但若无胸藏万卷之书，又哪有这么大的肚皮呀。”

纪晓岚对出下联后，乾隆之所以会生气，是由于对联对得太好，掩盖了乾隆的才气。乾隆出的上联显示出了一代帝王的豪迈气概，不料纪晓岚的下联一出，十分工整，反而显示不出乾隆上联的才气了。乾隆一听，自然有点

不痛快。幸好纪晓岚懂得说话之道，了解乾隆此时的心理，因此他及时为自己开脱，有意识地抬高乾隆，贬低自己。

人反应机敏、能说会道固然好，但话要说到点子上，把握听话人的心理状态变化。就像纪晓岚一样，当乾隆不高兴时，能察言观色，明白乾隆所思所想，关键时刻说了一句摆脱尴尬局面的话。唯有这样，才能显示出一个人是否真正会说话。

在我国历史上，有很多口若悬河、能言善辩之士，凭着一张剑舌，活跃在当时的政治舞台上，他们有的劝阻战争，化干戈为玉帛；有的怒斥奸佞，以正气压倒歪风；有的巧设比喻，以柔克刚，争取盟友；有的反唇相讥，绵里藏针，瓦解敌阵。诸葛亮“舌战群儒”和“智激周瑜”就是这方面家喻户晓、老少皆知的故事。《三国演义》在第九十回中描写了诸葛亮“兵马出西秦，雄才敌万人，轻鼓三寸舌，‘骂’死老奸臣”的故事。蜀魏两军对阵之时，魏臣王朗到阵前劝降，就是这个曾舌战群儒的诸葛亮把王朗说得一钱不值，王朗气窒，撞死马下。诸葛亮的三寸不烂之舌，当真抵住了成千上万的敌军。

一个人有较好的语言表达能力，是一个人的财富。一个人才如果只会干事而不善言辞、笨嘴笨舌的，也不利于其做好本职工作。

现如今的社会各个方面都需要沟通，需要交流。而人与人之间的交流、沟通最直接的途径就是语言。只有通过出色的语言表达，才可以使相互熟识的人之间产生浓厚的情谊，爱之更深；使陌生人之间产生好感，结成友谊；可以使意见有分歧的人相互理解，消除矛盾；可以使彼此怨恨的人化干戈为玉帛，友好相处。

不管你生性是多么聪颖，接受过多么高深的教育，穿的是多么漂亮的衣服，拥有多么雄厚的资产，如果你根本就无法得体、恰当地表达自己的思想，那么你仍将一无是处。要想让别人喜欢自己，必须培养自己的说话能力，只有这样，才能打开人与人之间沟通的大门，彼此的心灵才会消除隔阂、产生共鸣。在各种各样的人际交往中，会说话的人将会非常受欢迎，能

轻松地与他人融洽相处，在社会交往中如鱼得水。会说话不仅常常会给一个人带来美好的人生，还是成就一个人一生的重要财富。

在日常交往中，会说话的人能把平平常常的话题讲得十分引人入胜；嘴笨口拙者讲的内容即使再好，听起来也会令人觉得索然无味。有些建议，会说话的人一说就通过了；而那些不会说话的人却可能连诉说的机会都没有。

无论是在生活中，还是在职场中，我们都会经常听到别人这样说："我这个人，笨嘴笨舌的，讲不好话。"然而，他们嘴上虽然这么说，心理却并不以为这是多大的缺憾。其实，这是一个错误的观点。现在的社会是个信息大爆炸的社会，信息的作用越来越大。一般来说，一项工作需要众多员工的合作、多个信息的综合。语言是比较普遍、方便，也是最直接的传递方式。语言能力强，双方就能顺利而准确地接受和理解信息，从而顺利地交流；语言能力弱，就不能很好地把信息传递给对方，交流就会因此出现中断，甚至终止，进而导致失败。因此，若想在社会上游刃有余，不仅要有新的思想和见解，还要能在别人面前很好地表达出来。

在众多人眼中，"会说话"一般指的只是语言的表达能力。其实，这只是一种片面性的理解。真正的会说话是一种语言的表现艺术，语言表达能力只是其中比较重要的一部分。有些人说起话来也是伶牙俐齿、滔滔不绝。但是，在解决棘手的问题时，只有这些还是远远不够的。其主要原因就在于还有许多制约会说话能力的内在因素。一个会说话的人才应该具备四种素质，即自信、博爱、责任、奉献；具有五种能力，即观察能力、学习能力、应变能力、分析能力、语言组织能力；具备六种正确的心态，即自尊和珍爱生命、稳定和积极的心态、以苦为乐的精神、勇敢顽强的意志、归属与感恩。对于那些身在职场中的人来讲，要想提高自己的说话能力只有重视内在方面的修养，"会说话"才不会成为无源之水、无本之木。能言善辩的会说话能力，是每位人才都应该具备的素质之一。

2. 为什么干了同样的事，别人总能说得头头是道?

从前有个多次参加科举考试都没考中的书生，在新的一年里来到京城参加考试。书生住在一家客栈里，考试前一天晚上做了三个梦，分别是：梦见白菜种在墙头上；下雨出门打了两把伞；和表妹睡在一张床上，但却是背对着背的。

于是书生第二天就去找算卦先生解梦，算卦先生听了这三个梦，摇摇头说："你还是回家吧，这次你肯定考不中。你想啊，白菜种在墙头上，这不是白搭吗？下雨打两把伞，这是多此一举啊？和表妹背对着睡，这就表明没戏啊。"

书生觉得是这么个理，就回客栈收拾包袱准备回家。这时客栈老板过来问他："明天就要考试了，今天干嘛要走啊？"书生把算卦先生的话一五一十地说了，客栈老板想了想说："我觉得你这次能考中。"见书生一脸不解，客栈老板耐心解释道，"白菜种在墙头上说明高中啊；下雨打两把伞这叫有备无患；和表妹背对着睡，说明翻身的日子就要到了。"于是书生高高兴兴去考试，考中了探花。

从这个故事中，我们可以体会到：对于同一件事情，会说话的人把事情往好的方面说，给别人带来好的心情，有利于调动他人的积极性，使事情向好的方向发展。不会说话的人说出的话，对人对己都不利。

会说话的人说出来的话总是能让人高兴地接受，听着心里也舒坦。例如，两位女子在公园里散步，凑巧看到一位当红女演员在拍戏。其中一位兴

高采烈地说："你快看！那不是某某吗？"另一位答："真的，不过比电视上难看。"而先前的一位亦附和道："嗯，还是电视上的她更好看。"同样的意思，后者的话听起来是不是感觉顺耳些呢？由此可知，只要稍微改变一下说法，即可产生完全不同的效果。

又如，你有事打电话给你的老朋友，她却不耐烦地说："讨厌，我忙死了。"这时，你千万不要愤怒地与她争吵，你可以说："我正好有空，如果你有事，尽管吩咐……"在那一瞬间，你的这句回答定然能够缓和紧张的气氛，对方也会感觉自己说话太过分，她定会道歉："真是不好意思，你实在太客气了，你有什么事尽管说，我会帮忙的。"由此看来同样的话，在会说话的人嘴里，就是一颗开心果；而到了不会说话的人嘴里，就变成一把伤人的刀。

3. 世界上大多怀才不遇的人，都吃了不会说话的亏

咨询师："你遇到什么问题了？"

怀才不遇者："我很苦闷，我很无奈，我想跳槽，我的上级都是笨蛋！什么都不懂！还整天装得人模狗样，实在懒得答理他。"

咨询师："既然你认为你的领导不如你，那你为什么不把你的那些好的想法说给你领导听听呢？"

怀才不遇者："如果我跟他说了，他该到老板那里去卖弄了，我的创意马上就变成他的东西了！我才不干为人做嫁衣的傻事呢！"

咨询师："那你可以把你的东西跟大家说，那样你的意见就能够得到大家的认同了，不是说发光的金子总是能被人发现吗？"

怀才不遇者："那样就更不好了，大家都知道了，那就不叫创意了。"

咨询师："那你的东西想让谁知道呢？"

怀才不遇者："让老板知道就可以了。"

咨询师："那你的老板现在知道你的'才干'了吗？"

怀才不遇者："我到现在都还没有在老板面前表现的机会，而且现在是伯乐的老板又那么少。"

咨询师："那你打算怎么办？"

怀才不遇者："所以我就沉默。"

咨询师："你应该把智慧用在工作上啊。"

怀才不遇者："唉，我现在的工作又怎么能用得上我的那些思想呢？这

不就成了杀鸡用牛刀吗？”

咨询师：“那么，你这样下去，别人怎么才能知道你有才干呢？”

怀才不遇者：“不用他们知道！”

咨询师：“那你的聪明想法什么时候才能用得上？”

怀才不遇者：“等我当了领导，有了舞台后，我会把我的知识和智慧用上。到时候干出个样子来给他们瞧瞧，什么才叫真正的水平！什么才叫真正的智慧！”

咨询师：“那你怎么才能当上领导，寻找到合适的舞台呢？”

怀才不遇者：“我就没指望在这儿干出个什么名堂。比这儿好的地方有的是，没准儿过几天我就炒老板鱿鱼了。”

其实，我们应该明白，这样“藏”着、“掖”着自己的想法不说出来，绝对不是明智的选择，这样的做法是对自己的不负责。这种狭隘目光所产生的自私，不但埋没了自己的才华，还会使别人觉得你是一个眼高手低的人，从而失去升迁的机会。正确的做法是把自己的知识、智慧分享给他人。

好的想法分享之后才能开出美丽的花朵，不然再好的创意只停留在空想阶段，总也不能变为现实的东西。

作为一个明智的人，既然知道别人不如自己，那你就更应该出谋划策，在别人面前表现出你的才干来。社会的建设是需要人与人共同合作来完成的，如果别人都不需要你了，那你才是真的危险了。

社会上有不少“老油条”，都三十多岁的人了，人生还总是在同一个位置上继续重复着昨天的故事，活了几十年还搞不明白自己业务不精、职位不升、事业不成、薪水不涨的原因所在。其实，不是因为他们没有学历，不是因为他们没有知识，也不是因为他们没有能力，而是因为他们太“精明”。

为什么说他们的问题出在太“精明”上呢？

症结在于他们始终没有摆正自己在社会中所处的位置，始终没有把自己融入社会中去。他们坚信自己的价值远远还没有表现出来，可又不愿意把自己的才干用在实处。他们觉得如果自己的工作没有获得较大的利益，那么自

己所作的努力就白费了。

他们善于隐藏自己的想法，等别人做出来之后，才私底下抱怨别人的想法自己早已想到；他们善于把自己的话说一半，而大部分有价值的话宁可烂在肚子里也不愿说出来；他们不愿在底层里蹚浑水、惹麻烦，更不会做一丁点“亏本生意”，总盼望着一鸣惊人的时机出现。

和他们聊天，会发现他们大概有几种典型的症状：首先是喜欢抱怨，喜欢将自己的遭遇类比为古人的怀才不遇，认为“千里马常有，而伯乐不常有”。其次是不会有太好的人缘。因为他见不得别人做出业绩，即使别人实实在在做出了业绩，他也会觉得别人的成就没什么了不起，换了是他做得会更完美。另外还会有黛玉之自怜，怨自己一无人，二无关系，命运又不好，实在是造化弄人。状态好一点的，会点阿Q的精神胜利法，说自己天生就是个淡泊名利的人，不愿受世俗纷扰。

其实，他们的真实想法远不是如此。他们也想展现才华，也想大展宏图，只是他们觉得问题是别人不关注自己，大事业都被小人物占去，而朗朗乾坤竟没有他们的立足之地。于是，他们只得生活在人生和事业的苦闷中。这些理由看起来冠冕堂皇、无懈可击，实则是自设牢笼、自缚手脚，原本该灿烂开放的花朵却自己不愿意开放，白白地把大好青春耗费了。

如果你也有这种情况，是否应该审视一下自己：为什么要把自己的思想憋在脑海里，是觉得你身边的人没资格分享，还是觉得自己高山流水、曲高和寡？要知道思想的魅力在于发散，在于传播。如果没有分享，那么再好的思想又有什么用！

不要再沉闷于人生的“闷骚”当中了，要做一个积极而又热爱生活的人，把自己的才能展现出来，会遇见你的伯乐的。

4. 会说话就是资本，世界上90%的生意是说出来的

有个年轻人到一家大型的百货供应公司应聘销售员，老板让他先试干一天，再决定是否留用。傍晚下班时，老板问他做了几单买卖。他说："只有一单。"老板很失望，因为别的销售员可比他勤快多了，每天从早忙到晚，平均都能拿下六七个单子！看来这家伙实在够懒，可以让他走人了。一边在心里这么想着，他一边漫不经心地问："你这一单多少销售额啊？"

没想到年轻人回答："30万美元。"老板顿时惊呆了，半天才回过神来，有点不相信地问："30万……你卖了多少货？"

"是这样的，"年轻人说，"有位先生需要鱼钩，但是并不确定自己应该使用什么样的鱼钩，因为他是新手，但他的空闲时间比较多，收入丰厚，对钓鱼很感兴趣。于是我告诉他，在海上和江面上钓鱼用的工具是不一样的。于是，我卖给了他大、中、小号三种鱼钩和鱼线，还有鱼杆、鱼篓、折叠椅、遮阳帽。然后我问他去哪儿钓鱼，他说最想去海边，所以我建议他买条船，并带他去了我们卖船的分公司，卖给了他一艘20英尺长、有两个发动机的帆船。"

老板已经听得目瞪口呆了，问："然后呢？"

年轻人接着说："那位先生的大众牌汽车拖不动这么大的帆船，我又将他介绍给汽车销售部门，卖给了他一辆丰田新款的豪华车。他很大方，而且他确实需要这些产品。"

老板有些难以置信："仅仅想买两个鱼钩的客户，你是怎么说服他购买

这么多产品的？”

年轻人笑着说：“不，老板，他只是从这儿路过，进来问我明天的天气怎么样，我说‘明天的天气很好，又是周末，干嘛不去钓鱼呢？’然后，我就把他需要的产品介绍给他了！”

这个试用第一天的年轻人，如何只用一个订单就签下30万美金的销售额呢？他的成功在于两个方面：一、对商机敏感的把握；二、出色的口才。那些每天能签下7个甚至更多订单的销售员，他们只是低头干活，被动地应对上门的客户，当然抓不住那些潜在的巨大商机。

那个一下子买了30万美元商品的男子，最初也许只是想问问天气，但年轻的销售员一眼就看出了他身上潜在的消费能力和消费需求：他衣冠楚楚、身着名牌、气度不凡，说明他是高薪阶层，消费能力强；他询问天气，很可能是第二天想去某个地方休闲娱乐，但还没打定主意，可见有巨大的消费欲望；他说自己是钓鱼新手，说明他还没有购置钓鱼的全套设备，说明这是销售产品的大好时机；他想去大海钓鱼，那正好需要一艘配得上他身份的游艇或帆船；而他无法将船拉回家，又说明他需要一辆称手的新轿车。

如果他需要，并且买得起，你甚至可以将波音787（编者注：又称为“梦想客机”，是航空史上第二架超远程中型客机）卖给他，并再为他承建一个现代化的机库！但是你必须拥有能够看到并且抓住这些商机的素质。这个素质就是你对客户的分析能力，以及与他进行深入交流的本事。

在产品的销售中，你多想一个环节，能够抓住的商机就可能更多。面对这样一个潜在客户，如果你不想、不问，不去关注客户的需求，那你能做的只不过是漠不关心地回复他一句“明天天气很好”，然后得到一个带有谢意的微笑。他转身走开了，带走的就是30万美元的没有机会变为现实的潜在订单。

销售的最终目的是成交，而成交的前提是你必须说服客户，让他下单和付款。销售就是成交之前的一切工作，如果没有成交，那么你的销售将毫无意义！

一个人的说话能力，是获得交易成功的必要条件。正如卡耐基所言："一个人的成功，约有15%取决于知识和技术，85%取决于沟通——发表自己意见的能力和激发他人热忱的能力。"当然，这所有的前提是，你的产品必须足够优秀，能够打动客户。

销售产品既是你的工作，又是你的人际交往。同形形色色的客户打交道，除了要有一副硬朗的好身板外，还需要敏捷的思维、全面的知识以及灵活的应变能力，这些才是你是否能在这一行取得成功的关键。

你需要能言善辩，但又不夸大其词；你必须言为心声，给自己披上时刻为客户着想的外衣，却又能够达到目的，让客户从口袋里掏钱，把你的产品抱回家。所以说话就是生产力，见人说人话，见鬼说鬼话，用你的舌头引导客户从你这里购买尽可能多的产品。

成功靠腿，销售靠嘴。对销售来说，每一个环节都离不开嘴，每一次交易都是一场外交活动。你需要探知客户的背景（购买实力），摸清客户的目的（购买兴趣），还需要了解客户的购买要求（对产品的要求和价格的接受范围）。而这些，无一能离开你与客户的交流和互动。

永远不要忽视语言的技巧。当你和客户交流时，哪怕可以多问一句话的机会，也不要错过。

5. 说话没点心理策略，等于拿自己的前途当赌注

一家公司新招了一批职员，老板打算抽时间与这批职员见个面，他按员工姓名表把新员工一个个叫起来认识一下。

“黄烨（huà）。”老板微笑着叫道。全场一片寂静，没有人答应。

老板又念了一遍。

这时一个员工站起来，怯生生地对老板说：“杨总，我叫黄烨（yè），不叫黄烨（huà）。”

人群中发出一阵低低的笑声。

老板的笑脸不见了，脸上的表情颇有些不自然。

一个精干的小伙子忽然站了起来，解释道：“请杨总原谅，我是新来的打字员，是我把名字打错了。”

“太马虎了，下次注意。”老板挥挥手，接着念了下去。

之后不久，叫黄烨的那个员工被解雇了，而那个自称“打字员”的小伙子则被提升为制作部经理。

在这样的场合公然指出老板的低级错误，还弄得“人群中发出一阵低低的笑声”，太不给领导面子了，是可忍，孰不可忍。如果不是“打字员”出来打圆场，老板的这个低级错误一定会成为大家茶余饭后的笑谈。

所以，不给领导面子的新员工被解雇，解围的员工被提升也是情理之中的事。

“人活脸，树活皮”，作为领导更是如此。当领导的都常把面子看得非

常重要，因此做下属的应当处处想到给领导留脸面，尤其是在众人面前，不仅不能驳领导的脸面，还应处处维护他的脸面。如果在大庭广众之下维护了领导脸面，甚至能做到归罪于己，一定会令领导十分感动，今后会更尊重和重视你。

小甄今年刚大学毕业，进了政府机关，当了一名职员。这天，领导拿着一份文件，让他传真到市委宣传部，小甄照办了。可谁知，第二天，领导怒气冲冲地走进了小甄的办公室，当着众多同事的面，大声斥责小甄：

“你怎么做事的？让你发份传真到组织部，你却给我发到了宣传部！”

小甄一下子懵了，他回忆了一下，确定领导昨天向他交代的确实是宣传部而非组织部，他想领导一定是在情急之中记错了。可是看着领导愤怒的脸，小甄二话没说，主动承担了责任：

“对不起，实在对不起！都怪我办事毛躁，本想抓紧时间办好，没想到闹了个大错。我一定会吸取教训的，保证不会有第二次了！”

说完，他赶紧又给组织部发了份传真。又过了一天，小甄被叫到了领导的办公室，领导真诚地向他道了歉，说自己那天因为着急，错怪了小甄，并夸奖小甄小小年纪，就懂得忍辱负重。自此，小甄在领导心目中的地位大大提升了。

领导也是凡人，也有犯错的时候，尤其在工作中，极有可能因为混乱和着急，而错怪了你。这时，你千万记住：一定不要当着众人的面反驳上司，因为上司需要维护一定的威信和颜面，即使他错怪了你，你也不能当众让他下不了台。你应该暂时把责任承担下来，等上司清查过来后发现自己错怪了你时，自然会为你当初的忍辱负重而感动。

6. 懂说话艺术的人，不见得比能懂沟通心理学的人更有说服力

人是会讲话的动物，讲话的里面还有人的思想、感情、意志牵涉在内。同时，人是会说谎话的动物。俗话说："要知心腹事，但听背后言。"说的是人们躲在人背后说话，不怕隔墙有耳，比较放心大胆，容易吐露真情。一般来说，人在人面前说话，总带着戒心。所谓逢人只说三分话，未可尽吐一片心。当然，也不能排除有人故意装成是在"背后讲话"，利用"要听人家背后之言"的心理，编出一套似是而非的谎言去诈骗对方。一个总的原则是：人不愿意说出对自己有害的话。因此有人曾指出，做人要懂得说话的艺术。说话更要懂得沟通心理学。由此可知，我们只有学会把话说到对方的心坎里去，才能让我们的话更有说服力。

人是会说话的动物，对人说话，第一是要阐明自己的意图，第二是希望别人听取接受我的意图。听人家说话，是消极的行动，最大的目的是要保护自己不受害；而对人家说话，则是积极的行动，最大的目的是要自己能够得利。

"无目者，不可示以五色；无耳者，不可告以五音。""口者，机关也。所以关闭情意也。耳目者，心之佐助也，所以窥间见奸邪也。"《鬼谷子》里的这两句是说：眼瞎的人不能看到颜色，耳聋的人不能听到音乐，这是不能勉强的事实。不过耳目都是辅佐的机关，帮助发现矛盾，监察奸邪。但有口的都说话，会说话是一件事，能说话又是一件事。能说，是能将心声流畅地与人沟通。人都会说话，但怎样才会成为会说话的人，说出话来具有说服力呢？这是可以后天培养的，只要个人愿意努力用功，懂得沟通心理

学，就能把话说得漂亮。

第一个要决，是要认清对象，说的话才能产生力量。

“与阳者言，依崇高；与阴者言，依卑小。以下求小，以高求大。由此言之，无所不出，无所不入，无所不可。可以说人，可以说家，可以说国，可以说天下。”这是说话的一个总则，简言之就是要向对的人说对的话。如果能够掌握这个总则，就可以无所不通了。见到了阳气旺盛、心情开阔、志向远大的人，就不能说些什么谨小慎微、寸步难行的话；见到了阴气消极、心胸狭窄、胆小怕事的人，就不能说些什么发展扩张、恢宏建树的话，如果刚好说反了，一定会话不投机半句多，大家都觉得无趣，最后不欢而散。所以说应该“以下求小，以高求大”。

“与智者言，依于博；与博者言，依于辩；与辩者言，依于要；与贵者言，依于势；与富者言，依于高；与贫者言，依于利；与贱者言，依于谦；与勇者言，依于敢；与过者言，依于锐。此其术也，而常人反之。”也就是说：要向对的人，说对的话，如果能够掌握这些说话要领，就能成为一个会说话的人。之所以用这些技巧来解说如何在说话时掌握分寸，是因为一般人说话的方法，刚好与此相反。

“听，贵聪；智，贵明；辞，贵奇。”就是说：说话得从听话开始，听话一定要听得真，不然根本很难了解面对的是哪种人；自己的心要冷静，不乱，主见明确不变，就是智慧；说话用辞要考究、要奇特，更要随机应变，不可以都说些老生常谈、卑之无甚高论、人云亦云的陈腔滥调。否则，就不算是个能说话的人。

第二个要决，是要认清时机、环境，合乎对方的需要，说话才能产生力量。

“说者，说之也。说之者，资之也。”这是说：对人说话，就是要对方能接受我所说的话。要人家接受我所说的话，说话的内容就要对他有利，有帮助，合乎他的需要。

第三个要决，在说话的技巧上，要思考怎么去说要说的话，才能产生最大效果和力量。

第三章

练就魔鬼说话术，一定要懂的6大心理策略

在与陌生人谈话时不要太在意别人对自己怎么评价，只要注意在谈话中不犯大错就可以，不要对自己要求得过于苛刻，否则，很不利于与人交流，也有碍于自己语言水平的提高。其实，只要摆正心态，利用有效的沟通方法，胆怯和恐惧的心理就不难克服了。

1. 心理暗示：搞定说话恐惧心理的五秒法则

很多人在陌生的环境中会感到不适应，恐惧说话，其主要原因是害怕与陌生人交谈时因说错话而被人耻笑。这种自卑心理使他们经常无端地指责自己，认为自己某个时候某句话说得太唐突了，破坏了与人沟通的气氛。然而，这种“自恨”只能使自己更紧张，丝毫无助于自己人际交往能力的提升。那么，怎样才能搞定因恐惧而给语言交流造成的尴尬呢？可以参考以下几种方法：

（1）问话探路法。

假设对方是一般过路人，然后像问路一样，找一些自己心理有数却佯装不知的问题请对方来回答，这样你就取得了语言上的主动权。无论对方的回答对与错，你均需认真地洗耳恭听，即使对方说错了，你也应该“将错就错”地表示谢意。因为，这种问话探路的目的并不是要找到什么答案，而是为了打开你和对方语言交流的闸门。只要对方愿意回答你的问话，你所预期的社交方案便已经成功了一半。一旦双方对话的闸门被打开，原先你的那种陌生感就会自然消失。

（2）轻松探微法。

和一个陌生人初识时，有时只需抓住对方工作或生活的某个细节，就会很顺利地打开双方的沟通之门。仔细观察一下你身边的陌生人，看看他们是否有很特别的地方，比如对方服装配饰充满异族风情，背包的款式很新潮，发型很时尚……谈论这些细节很可能会立刻吸引对方的兴趣。聊天最好选择

轻松、简单的话题，这样就不会让人对你的搭话产生反感。有时候，即使默默无语，只需向对方抱以会心一笑，也会拉近彼此的距离。

以上两种方法只适用于和陌生人的搭话，若和一个团队接触，则不适用。下面的“开门见山法”适用于和一个团队交流。

（3）开门见山法。

对一个陌生的群体而言，故意回避或有问不答，均被视为对这个整体的拒绝；说话太多也难以让陌生的群体接受，而且还会让人感到害怕。如果你没有管好自己的嘴，在一个陌生群体当中出现“失言”或过分表现自己的所谓“口才”，那么你在这个群体当中会很难生存。那么怎样和一群人交流呢？有几种开门见山式的开场白，你可以试着用一下。比如“初来乍到，请大家多关照”、“今后我们要一起共事了，我有什么不妥之处，请各位多多包涵”，以及“作为新人，能得到大家如此热情，真让我感动不已”等。

总之，在与陌生人谈话时不要太在意别人对自己怎么评价，只要注意在谈话中不犯大错就可以，不要对自己要求得过于苛刻，否则，很不利于与人交流，也有碍于自己语言水平的提高。其实，只要摆正心态，利用有效的沟通方法，胆怯和恐惧的心理就不难克服了。

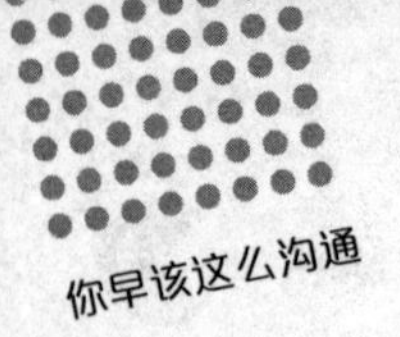

2. 疯魔练习法：讲话笨拙也没有关系，学会这些窍门

说话很笨拙？想打破社交聊天中的尴尬局面？如果你不擅长这些，那么，只需要通过以下的练习，就能帮助你打破社交僵局，并缓解你的不适感。

（1）迈出第一步——伸出手去、微笑、准备好问候别人。

当你迈出第一步的时候，你就创造了一些能量，并且让自己处于一个比较自信的位置。如果你对于这样做感到不自在，那么就需要一点练习，但是如果你能够掌握好这一点，那么就能够更好地开始交谈，让初次的谈话变得更轻松一些。

（2）迅速找到共同点，或者退出——共同点是我们和那些初次见面的人的生活交集。

地理位置、教育背景、兴趣爱好、子女以及其他的一些话题都是交谈中常见的开放式话题，这也是我们和自己不认识的人接触的理想方式。我建议在和别人的谈话中，最好通过不超过三次尝试就找到共同点。如果你们彼此没有交集，那么也不必对此感到不安。

（3）留下印象，但是不要过头——人们在紧张的时候的用词会倾向于极端，说得太多或者太少。

如果你希望给别人留下印象，那就要在问题和意见的表达中注意保持适度。如果一半时间都是你在说，和你交谈的人就会认为你在独霸这场谈话。这只是在谈话中产生的一个不确切的印象。如果你给他们留下70%的时间，

他们就会认为你是一个有礼貌的人，而且擅长与人交谈。

（4）准备好三个好问题——你可能听说过，人们喜欢谈论自己。

问题是如何激发这种天性，为了你自己的理智考虑，并且创造真正有趣的谈话，你需要准备有趣的问题。我建议你准备以下类型的问题。

观察变化：问问人们，过去一年里，他们在某个特定领域，例如商业、体育、电影或者其他主题上发现了哪些变化。这会引发一场谈话，而不是得到某个单一音节的答案。

最佳比较：在你的问题里使用“最佳”“最糟糕”“最”等词汇。通过这些问题，你会开始一场有比较的谈话，其中包含了一些紧张和激情。你可能不喜欢你得到的答案，但是你会提高对方的参与度，引发对方的兴趣。

对未来的预测：问问他们认为针对某个特定主题在未来一年会发生什么情况。体育通常是个安全话题，而政治话题则充满风险。不过，这并不意味着你应该厚此薄彼。这里的关键在于创建对话，对未来的推测只是为了达到这个目标。

（5）让沉默为你做好铺垫——某个朋友觉得必须填补任何长度超过2–3秒的沉默，这让他可能会陷入自己原本希望退出的谈话，但为了避免尴尬，他不得不重新加入。让沉默持续一小会儿，这样当你优雅地退出谈话的时候，每个人都会理解你退出得正是时候。

（6）不着痕迹地退出——当谈话告一段落，正在进行的话题明显已经结束的时候，你可以伸出手，说：“很高兴和你共处的时间，我希望很快就能够再次见到你。”然后你就可以在房间里走动，去见别的人了。我们每个人几乎都有一定的社会责任，要参加一些我们并不热衷的活动。因此，培养一些在这些情景下聊天的小技巧会给你更多的自信，并且能缓解你在这种场合下的不适应感。

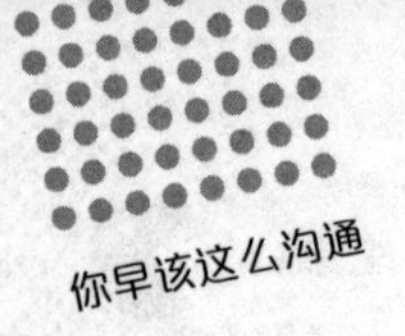

3. 骗子魔法：为什么即使是客套话听到也会高兴?

一般情况下，在送他人礼物时，双方都会说些客套话，这已经成了送礼这门学问中必不可少的一项内容。千万不要单纯地认为客套话就是虚伪，它更多的是一种低调和谦恭的表现。说客套话也可以理解为寒暄，别小看了这短短的几句客套话，少了它，送礼时就会失去许多味道。在说客套话的期间，既把礼物送出去了，又适当地表达了自己的意愿，可谓是一举两得。送礼人说客套话，既可以使自己避免尴尬，又可以显示出自己的谦恭。而受礼者说客套话，既是一种低调，又显示了对对方的尊重。中国是礼仪之邦，客套话有时更是一种礼貌的象征。由此看来，客套话在送礼这门大学问中占有重要的地位，说些客套话可以让事情办起来更加容易、简单。

如果你去拜访领导，说些客套话更是必不可少的。进屋之后，应先问候一下领导及其家人，接下来可以适当地说一些赞美领导屋内的摆设、家具之类的话。这时领导若看到你拿着礼物，肯定会客气地说："到我这来，拿东西干嘛？"这时你也要不失时机地客套几句，如"领导，您这么辛苦，在公司里德高望重，我来看看您是应该的……"对方听了你的话，肯定会立即谦虚道："哪里，哪里，我哪里辛苦，都是应尽的职责。"

以上谈话进行完毕，你还可以适当地说上一些表达意愿的话，如"今后工作上，还望您能够多多给予提携"。

反之，如果你在送对方礼物时，只是单纯地像平常一样说话，既不能表达自己的意愿，又不能给人留下深刻的印象。客套话是一种不失礼节的称赞

和夸奖，并非言过其实。在送礼时说说客套话，既可以显示出你的谦恭和低调，又能轻松实现目的。

同时，说客套话也要把握分寸，切不可过火，以免把客套话变成拍马屁，这样一来反而会引起对方的反感。恰到好处的客套能打破尴尬的气氛，消除敌意，使我们和对方的关系迅速拉近。因为客套话的帮助，我们的说服对象会放下戒备心，冷漠的表情会逐渐缓和，凝固沉重的气氛也变得轻松起来。

在武侠小说中，客套话往往是江湖人士拉近关系、处理争端、化解凶险的紧张局面、解决棘手问题的最好方式。

通常老江湖都是说客套话的高手，《书剑恩仇录》当中，维扬镖局的老镖师王维扬身份很高，但客套话却说得非常周到、得体，遇到知名人物，必然称对方“英雄盖世”；遇到年轻晚辈，也要赞一声“后生可畏，青出于蓝”；遇到陌生的武林人物，不管有没有听过对方的名字，必然声称“久仰大名，如雷贯耳”。有客套话的周旋，对方充满敌意的态度必然有所好转。靠说客套话的本事，王维扬渡过了各种风险和难关，把自己“刀头舔血”的事业维持了几十年。

由此可见，客套话的意义大致可归纳为三点：一、表达必要的礼貌；二、让我们看起来是热情、诚恳、值得信赖的；三、客套话是说服语言的润滑剂，在说服这个目的明确、绝对功利的过程当中，客套话具有平衡和掩饰的作用。

成功的客套话，会让听者明知是客套话，听着也会感觉高兴。因此，客套话也可视为是一种“说服”，一种巧妙的促进双方情感交流、消除隔阂和误会的语言能力。要将客套话说得漂亮、说得有说服力，就需要注意以下三点：

（1）客套绝不是言之无物。

在说服当中，我们一定要找到实实在在的、确实值得我们客套一番的内容。如夸奖对方的美德，赞扬对方的优点，感谢对方的热情和诚意，表示我

们的虚心和谦让。除此之外，还可以通过曲折迂回的方式向对方表示客套。例如，在某个社交场合，恰好对方的子女在场，我们可以把相应的客套语言巧妙地运用在对方的子女身上，可以夸他们的形象气质，也可以夸他们聪明好学，这种间接的客套话往往更有效。既然客套是用来拉近距离、渲染气氛的，那么在说服当中，客套话也就不必过于吝啬，多说几句客套话，会显得我们的态度谦虚而诚恳。但是，客套话务必说得恰到好处，客套话最忌讳内容空洞、夸夸其谈。不着边际、无中生有的客套话会使对方尴尬，甚至引起厌恶和反感。如果对方不具备这样的品德，我们却对对方这方面的德行表示景仰，那么只会惹得对方羞恼、不快，反而会弄巧成拙。

（2）应当注意说客套话的时机。

客套话仅仅起到调剂的作用就可以了，绝不要让客套话占据了对话的主要内容，而说服的主题却被忽略。因此，说客套话的时机绝对不要选在那些正式、庄重的场合，而应选在这些场合的“边缘”。这样的机会主要有两个：第一个机会是刚刚见面的时候，必要的客套话可以作为即将展开对话的自然过渡，有助于和对方拉近感情，给对方留下比较好的印象，所以此时不妨多说几句；第二个机会是正式的活动和仪式结束的时候，人们严肃紧绷的心理松懈下来，这时候是说客套话的好时机。因为身心刚刚松懈下来，人们的态度比较轻松，心理上也不会有过多防范，很容易和对方展开客套的闲聊，进行下一步的内容。

（3）需要注意的还有说客套话的态度和语气。

客套话本身带有一定的讨好意味，过分的客套会引起对方反感。在说服当中，如果我们的态度过于谦卑，语气过于谄媚，客套话也就相应变了味道。晚清名臣张之洞介绍自己的相人术时说：“客套话说得很多很重，甚至有些阿谀奉承的那些人，第一种是小人，第二种是有求于你的人，这两类人都需要提防。”可见过了火候的客套话多么让人反感。说客套话的时候，我们的态度应该诚恳、热情、不卑不亢，让对方既不觉得虚伪，也不觉得我们的态度过于卑微和谄媚。

最后我们来看一则实例：

谈判专家甲代表公司进行一场非常艰难的谈判。对手是一家竞争力强劲、实力雄厚的公司，其派出的谈判代表素以强硬著称，号称“鹰派”人物，在很多次谈判中风格强悍，寸步不让，使许多对手望而生畏。双方谈判代表会面时，甲和这位“鹰派”人物握手，向对方说：“久仰久仰，早就听说过你，‘谈判专家’、‘作风硬朗’、‘敢于坚持’，我得向你学习呢。”这几句恭维话恰好点出了对方的谈判风格，对方一直以此自矜，听到对手这样夸他，觉得非常满意。因此，在开始的谈判中，双方进行得非常顺利，但客套归客套，在关键问题上，双方非常认真。甲的态度不卑不亢，既表示了对对方的敬意，又不失自己的骄傲和尊严。对手最终被甲的风度所折服，谈判圆满成功。

4. 首因效应：前五句话就赢取人心的3个技巧

在网络上有这样一则笑话，说一位待业的年轻人，各方面条件都很好，但总因为面试时说错第一句话而屡次被公司拒之门外。一次，他得到谷歌公司面试的机会，考官问他："你是从哪得知谷歌搜索引擎的？"他的回答令考官哭笑不得："百度。"面对这样的应聘者，考官只能毫不客气地将他请了出去。

上面的故事虽然只是人们茶余饭后取乐的段子，在现实生活中也绝不会出现这样的傻瓜，但这也提醒了我们：第一句话就已经决定了你的成败。前FBI（美国联邦调查局）高级探员乔·纳瓦罗在担任某公司顾问时，曾对公司的人事专员说："在招聘人才的时候，应该从第一眼或者面试者的第一句话中，就能确定公司是不是需要他。"事实也确实如此，在企业招聘的面试过程中，其人事专员大多能从第一眼或者面试者说出的第一句话中，就能决定是否要录用对方，而面试过程其余的时候，也不过是为了验证他最初的决定罢了。

第一次见面时，对方的神情、体态、仪表、服饰、谈吐、礼节等形成了我们对对方的第一印象。第一印象一旦形成，就会左右日后我们对对方的看法。当我们再次见到这个人的时候，就会带有一定的倾向性，并且这种倾向性深植心底，难以改变。如果一个人留给别人的第一印象不好，就得花费很多的时间和很大的精力才能改变别人对他的印象。

1957年，美国心理学家洛钦斯做了一个很有名的实验：他分别设计了两

篇短文，描述一个名叫布朗的人。第一篇短文的前半段把布朗描写得开朗、友好，后半段则描写得孤僻而不友好；第二篇和第一篇恰好相反，前半段描写了布朗的孤僻和不友好，后半段却说布朗开朗、友好。然后，洛钦斯让两个组的被试者分别阅读这两篇短文，然后在一个统计表上评估布朗的为人究竟是否友好。

研究结果显示，内容的前后顺序非常重要。在这些被试者中，看到描述布朗开朗友好在先的文章的，把布朗评估为友好的占78%；而看到描写友好在后的，把布朗评为友好的占18%。该实验提供的两篇短文其实内容相同，就因顺序改变了，便产生了这样完全不同的结果。换言之，信息呈现的顺序能改变人们的观点与看法，这就是人们常说的"首因效应"。

首因效应是指个体在社会认知中，通过第一印象最先输入的信息对客体以后的认知产生的显著影响作用，这种效应是由第一印象（首次印象）引起的一种心理倾向，很多人把它叫做"第一感"。在人际交往中，首因效应对人们交往印象的形成起着决定性的作用。

俗话说："万事开头难。"说好前五句话，可以迅速让我们在交往中获取主动权。可以说前五句话的好坏，几乎可以决定这一次交谈的成败。所以在与他人交谈时，不妨选好第一句话来打开对方的心扉，因为你的真诚与创意不单在影响着整个谈话气氛，还将影响他人聆听时的态度。说好初次见面的前五句话关系重大，因为说好说坏会影响到留给对方的第一印象。说前五句话的原则是：亲热、贴心、消除陌生感。

常见的有这么三种技巧：

（1）攀认式。如：初次见面，同对方说："我同你姐姐是同学""我是你父亲的同事"等等，短短一句话，就缩短了与陌生人之间的距离。其实，任何两个人，只要彼此留意，就不难发现双方有着这样或那样的"亲""友"关系。

（2）敬慕式。对人尊重、敬慕会引起对方的好感，对初次见面者表示敬重、仰慕，这是热情有礼的表现。用这种方式必须注意分寸，要恰到好

处，不能乱吹捧，不要说“久闻大名，如雷贯耳”一类的过头的话。表示敬慕的内容应因人、因时、因地而异，应恰到好处，让听者感到自然。

（3）问候式：“您好”是向对方问候致意的常用语，如能因对象、时间的不同而使用不同的问候语，效果则更好。对德高望重的长者，宜说“您老人家好”，以示敬意；对年龄跟自己相仿者，称“老×（姓），你好”，显得亲切。对方是医生、教师，则可说“李医生，您好”“王老师，您好”，有尊重意味。

节日期间，说“节日好”“新年好”，给人以祝贺节日之感；早晨说“您早”“早上好”则比“您好”更得体。说好第一句话，仅仅是良好的开端。要谈得有味，谈得投机，谈得其乐融融，双方就必须确立共同感兴趣的话题。

有人认为，素昧平生，初次见面，何来共同感兴趣的话题？这就要在讲话时仔细观察对方，从他的兴趣、爱好、个性特点，到他的心情、处境入手，初次见面要做到这一点，就要洞幽烛微，由细微处见品性。

生活在同一时代，同一国土，只要善于寻找，何愁没有共同语言？一位小学教师和一名泥瓦匠，两者似乎没有相同之处。但是，如果这个泥瓦匠是一位小学生的家长，那么，两者可以就如何教育孩子各抒己见，交流看法；如果这个小学教师正要盖房或修房，那么，两者可以就如何购买建筑材料、选择修造方案沟通信息、切磋探讨。只要双方留意试探，就不难发现彼此有对某一问题的相同观点、某一方面共同的兴趣爱好、某一类大家共同关心的事情。

刘小姐有一次在拜访陌生人时，见其墙上挂有“制怒”二字，便知对方有克服易怒缺点的要求。便问道：“您平时很爱发脾气吗？”对方答：“我很容易冲动，但明知自己有这个毛病，有时却控制不了。为了提醒自己，我就把这两个字写下来挂到墙上，时刻告诫自己。”刘小姐由此话题作为切入点，先是表示非常理解，继而谈出自己的看法，对方也就同一问题谈出感想，两个人谈得非常投缘。这样一来，刘小姐巧妙地缩短了与陌生人的距离，两个人颇有“相见恨晚”之感。

5. 近因效应：最后一句话往往最能决定谈话效果

你在介绍一个人时，前面说了很多他的优点，突然话锋一转说到“但是”，然后再说此人的缺点，听者常常对这些缺点印象更为深刻，从而在一定程度上忽略了前面所听到的那些优点。

最近的信息对认知的影响相对较大，留下的印象也相对较深，这种现象就叫做“近因效应”。近因效应让人们更加重视最近的信息，忽略之前信息的参考价值，并以此为据来判断问题。

人和人在交往的初期，也就是在彼此还比较生疏的阶段，首因效应的影响更重要；而在交往后期，即在彼此之间已较熟悉的时期，近因效应的影响则更重要一些。

三国时期，东吴吕蒙原本是一员武将，胸无点墨。鲁肃曾见过他，认为他一无是处。后来，经过孙权的点拨，吕蒙奋发图强，才学突飞猛进。当鲁肃再次见到吕蒙时，意外地发现他谈起军事问题来竟然滔滔不绝，而且非常有见解，鲁肃惊叹道：“士别三日，当刮目相看。”鲁肃对吕蒙的刮目相看，就是近因效应的作用。

在日常的人际交往中，近因效应带给人们许多启示：

（1）近因效应让人们明白，每次与人交往时都应当好好表现自己，即不但要重视好的开头，还要重视好的结尾，做到善始善终。

（2）在人与人之间，特别是家人和朋友之间，因一时愤怒而发生冲突或者训导他人后，要记得安慰与道歉，或者知错就改。因为这时人们在彼此

心中留下的印象会非常深刻，会给以后的沟通和交往带来十分重要的影响。

（3）说话的语序也会影响沟通。在说话时，后面出现的词语或者句子常常决定了信息传递的基调，比如你对一个将要参加高考的学生说："考大学，应当没什么问题吧？尽管竞争非常激烈。"又或者这样说："尽管竞争非常激烈，可是我相信你能够考上大学，是吧？"这两句话只不过是语句排列的顺序不一样而已，给人的印象却完全不同，前者给人留下悲观的印象，后者却截然相反。所以，在平日说话时，你应该注意语句的排列顺序，将意思表达准确。

第四章

时机：什么时候说话最容易打动人心

如果你希望给别人留下印象，那就要在问题和意见的表达中注意保持适度。如果一半时间都是你在说，和你交谈的人就会认为你在独霸这场谈话。这只是在谈话中产生的一个不确切的印象。如果你给他们留下70%的时间，他们就会认为你是一个有礼貌的人，而且擅长与人交谈。

1. 别让下雨害了你，谈事儿尽量挑选晴天

“又是雨天！”或许是受一直被阴雨笼罩的天气的感染，不少网友的QQ签名、微博状态上频现“问世间晴为何物，直教人生死相许”……在这样的天气，不少人的情绪也受到了影响，觉得不开心、容易发火。

“干事情提不起兴趣，都是这下雨天闹的！”网友“顺子”平时工作雷厉风行，但最近却总感觉没劲，不想做事情，不仅如此，脾气也变得比以往急躁，“动不动就觉得心头有火压不住。”

实际上，受天气影响，不少人患上了“心病”，有的情绪低落、心情郁闷，严重的甚至出现焦虑抑郁、心慌失眠。

不同的天气会给人带来不同的心情，在一个晴朗的日子里，人们会因湛蓝的天空而变得心情舒畅，思想也格外活跃，甚至无所不谈；而在一个下雨或下雪的日子里，人们会变得沉闷和不喜欢开口说话，甚至会变得焦躁和忧郁。

发生在纽约的多起自杀事件引起了FBI总部的关注，起初探员们怀疑这是一起连环杀人案，因为自杀的人多是年轻女性，独居且性格都比较内向。为了解开这个迷团，探员们准备约谈割腕自杀，被邻居发现后报警而保住性命的露西。在约谈之前，他们先去了露西的家并顺便拜访了她的邻居。

刚进入露西的房间时，他们便闻到很浓的烟味，开着的电脑告诉探员们自杀前露西还坐在电脑前上网，而电脑桌上也摆着一只放满烟头的烟灰缸。

据露西的邻居说，露西是一个性格比较内向的宅女，很少外出交际。年

前曾在一家公司工作过，后来因为不开心便辞职了，到目前为止都没能找到更合适的工作。这几天由于一直下雨，邻居看到她十几天都没出门，所以便过去看看她，可是谁能想到她居然会想不开呢？

邻居的话让探员突然想到了什么："难不成下雨和自杀会有什么关联？这该死的雨确实让人厌烦，我们自己不也会心情不好、不想出门吗？"

探员们带着疑问回到局里查了相关资料，顿时恍然大悟。原来科学家在研究中发现天气对人类的影响是非常巨大的。如：恶劣的天气很容易触发犯罪、自杀和交通事故等。而且相关的报纸中也报道说：由于近来受恶劣天气的影响，车祸发生率同比增加了50%，而轻生的人数与以往相比也有所增加。

同时还有专家指出："持续的阴雨天是诱发人们抑郁的导火线。所以如果你在这种天气里感到心情不好时，应该多和一些性格开朗的朋友聊聊天，说一些愉快的话题，而不要一个人闷在房间里，让阴雨天所带来的坏心情无止境地扩散。"

看了这篇资料，探员们如梦初醒。于是当即决定先找露西的朋友去医院照顾露西以防再次发生不测，并将与露西约谈的时间向后推迟，希望能在一个阳光明媚的日子里再谈此事。

上面的案例绝非偶然，因天气而影响情绪的事件也不是特例。所以这也提醒了我们：选择一个对方心情愉快的晴天谈话会得到事半功倍的效果。哪怕只是一个简单的问题，相信在晴天也一定比雨天所得到的答案更加令人满意。

那么，会影响到人们情绪的外在因素，只有"阴"与"晴"这两项吗？其实不然，不同的季节与是否有风同样是我们在谈话前需要关注的重点。

（1）不经意袒露真情的春季。

在四季中，最让人心情舒畅的要数春季。在温暖的阳光下，人们总会在不经意间袒露一些自己的真情实感，所以说春季是最适宜谈情说爱的季节。

（2）需要择时而动的冬季。

寒冷的冬天总会让人感到悲伤，甚至还会有偏头疼等疾病的缠绕。受此影响，人的心扉也会在不知不觉中关闭，从而变得少言寡语。研究结果表明，这与冬季人体缺少紫外线照射而致使维生素D不足有很大的关系。

当然在冬季如果想要谈合作也不是没有机会，如：春节、元旦、圣诞节等，这时人们会格外开心，也免不了会开怀畅饮。如果将谈合作的时间选在这些时候，则会有不错的收获。

（3）当心刮风天。

有科学家做过这样的试验：将不同程度的风吹到实验者身上，以此来观察他们的心理变化。很明显，被吹强风的实验者情绪变得极差，在如此不快的情绪中很难让其说出实话。

不仅户外的风如此，甚至连室内的空调风也一样，所以我们尽量不要将交流对象安排在被空调风直吹的位置，否则被空调风直吹的感觉很难使对方敞开心扉。

俗话说：“人逢喜事精神爽。”一个好的天气，对于交流双方都有着同样重要的影响，所以说如果想要和对方成功地达成共识，就请选择一个阳光明媚的好天气吧!

2. 早上谈or晚上谈，到底哪种效果会更好？

“何时谈事情更有效果？是早上、下午、还是晚上？是在对方精力充沛还是精疲力竭时更合适？”面对这些问题，我们最应该做的就是先弄明白不同的时间，给人带来的影响有什么不同，待我们发现它们之间的区别之后，再根据交流对象和将要谈论话题的重要程度来决定将我们的聊天安排在什么时间。

联邦调查局科学实验室的朋·杰克博士就曾对人类的记忆力、理解力和运动力做过专门的测试，其结果显示：人们的记忆力和理解力在接近中午的时候是最高的，而到了下午便会一点点下滑，虽然在三点时会出现一定的上升，但随后会持续下滑。而运动力则恰恰相反。也就是说，上午的时间更适合思考，而下午的时间则会更适合运动。换句话就是：上午的时候人们的思维较为理性，而到了下午人们则会相对感性。基于这项调查所得出的结论，我们将上午称为“理性时间”，将下午称为“感性时间”，并以这项测试为依据，对上午、下午、晚上三个不同时段中嫌疑人们所处的状态制订了不同的讯问内容和范围。

上午：由于此时段人们的大脑非常地活跃，所以在处理事情时也特别机警，从而更加注重细节。因此，如果上午谈合作签约，双方都处于比较机警的状态，也会更加地重视细节。而且上午的时间比较充裕，可以谈一些较为深入的话题。

另外，早上是让人神清气爽、充满希望的时段，因此管理人员可以在公

司晨会上多说一些激励员工的话，这样有利于让员工一整天都精神抖擞。

下午：人们无论在心理还是生理上都已经变得疲惫了，所以在此时谈合作并不适宜，但却是警察套嫌疑人话的最佳时机。由于下午的时间通常比较短，很多人会考虑到下班等问题。

晚上：到了晚上，人们是需要放松休息的时候，同样也是最容易达到聊天效果的时机。相对于在公司一板一眼地约谈合作事宜，很多老板更喜欢晚上约客户聊天，在饭桌上边吃边聊，时间比较充裕，也容易达成合作。

当我们在上午与人见面交流时，最好的方式就是展现出理性的一面，用理性缜密的逻辑套取对方的真实相法；若是在下午与对方见面，那么在交流过程中，一定要注重气氛的渲染，因为此时人们的大脑已经不再那么清醒了，思维方式也从理性转为了感性，所以在特定的氛围中更容易口吐真言。

通过上面的分析我们了解到了不同的时间对不同的约谈对象所造成的影响。与此同时我们还应该注意到，在与对方交流时，尽量避免一些于己不利的时间。

自身的工作状态对谈话本身同样存在着重要的影响，所以下面的一些情况是我们必须要特别注意的：

（1）不要在身心处于低潮时约谈重要的事。比如盛夏的午后，此时人很容易感到困乏；还有就是去异地或异国约谈时，由于长途跋涉，也不适于马上步入正题，而是要等充分地休整后再进行约谈。

（2）不要在一周休息后上班的第一天早上约谈，因为这时人们在心理上还不能完全进入工作状态。

（3）不要在连续紧张的工作后约谈，因为这时人们的思绪是凌乱、缺乏条理的。

（4）不要在身体不适时约谈，因为身体的不适，会使我们难以专心致力于双方的谈话。

3. 温度舒适一点，会有意想不到的效果

大自然中的季节变化和气候变化会对人们的心理和情绪造成影响。同样，室内温度的高低也会影响到一个人对环境的感觉。通常当我们处于一个太冷或太热的空间时，由于身体上的不舒适，大脑会变得迟钝从而不愿意多说话；当置身于一个舒适的环境时，身体就会非常放松，于是我们便会情不自禁地打开话匣子。所以当我们想打听什么事情的时候，如果没有意识到室内环境对对方的影响，那么最终的结果很可能会事倍功半。

B有一个多年未见的朋友C，有一天两个人相约见面，聊起彼此的近况。席间，C不住地摇头，见此情形，B禁不住问了一下原因，只听C诉苦道："我最近新开了一家公司，也招到了一些员工，开始时大家都很有工作热情，可是过了不久他们的工作效率变得越来越低，而且还经常因为一些小事情而吵架，现在我们公司的气氛变得非常压抑。本来我想开除这批人，可是他们也一定会觉得委屈，毕竟他们确实在努力地工作。"

"你没有和他们沟通过吗？有没有试着了解他们对公司或是自己目前工作有什么看法？"B关心地问。

"当然，只是没能找到任何答案，他们看起来像是不想回答我的问题。"C气愤地说。

看到C愤愤不平的样子，B决定试着帮C找到其中的原因，于是他说："哪天我去你公司看看，或许能给你提供一点建议也不一定呢？"

听了B的话，C欣喜若狂，于是二人约好了见面的时间。

刚进C的公司，B就感到一阵燥热，闷热的办公室里至少有三十多度。B看了看正在工作的员工们，他们正在机械地工作着，并且目光有些呆滞。于是B便转头问他身边的一位员工："在这里工作会不会觉得很闷热？"可是对方却说："我们都已经习惯了，没感觉太热。"接着，B把C喊到一边，让他将室内的温度调到二十多度。过了一段时间，房间里逐渐凉爽起来，办公室里的气氛也好像活跃了很多。B此时再问那位员工："你觉得现在舒服还是刚才舒服？"员工此时已经满脸笑容，开心地说道："当然是现在舒服，其实我刚来的时候也有些不适应，可是我看到别人没有提什么，我是一名新员工，当然也不好意思多说。"

员工的话让站在旁边的C感到非常吃惊，因为他与员工几乎每天朝夕相处，却不曾知道原来他们有这么多的想法。他佩服B之余，不禁又产生了疑惑，他想不通B究竟是如何一来就能够找到症结所在的。

看出了C的疑惑，B解释道："在我们与人交流时，周围环境的温度变化会对我们的聊天效果造成不同的影响。当周围的温度过高或过低时，人们就会感到不舒服，而且大多数人会因为温度而在交流过程中反应变得迟钝而且不太愿意讲话。即使开口说，精神也是处于比较紧张的状态下，可信度并不高。这也是为什么人们在闷热的大街上或在桑拿房蒸桑拿时，大多数人都比较沉默，不愿意多讲话的原因。"

所以我们在聊商务合作时，通常先将室内温度调整到"最舒适"的状态。结果也证明在"最舒适"状态下与合作者进行约谈时，成功概率要远远高于在恶劣环境中的，并且更容易得到对方的真情流露。

根据美国专家得出的结论：夏天最舒适温度为22到24度，冬天最舒适温度为20到22度，其他季节的最舒适温度为23到25度。其实让你的员工或者你的合作伙伴多说话没什么特殊的秘诀，给他们一个舒适的温度，他们就会很容易地打开话匣子。

巧妙地将房间的温度调节到"最舒适"对聊天来说是非常有帮助的。其实达到所谓的"最舒适"的办法也非常简单，那就是夏天的时候不会感觉到

炎热，冬天的时候却能够保持温暖。

那么在室内环境中还有哪些因素可能会影响到我们聊天的效果呢？

在交流中，我们需要仔细观察一下，天花板是不是太低或是窗户是不是太小，因为这样会让人感到闭塞和拘束；还有在暗色的墙纸和混乱的工作环境中会让人容易感觉疲劳和焦躁，要知道一个整洁的环境才能让人们相互产生好感；当然灯光也是不能忽视的部分，因为在昏暗的灯光中，会使人的脸看上去像在生气，而明亮的灯光不仅能让人表情柔和，还能使心情变得明朗欢快。

4. 让人放松的座位排列会让人毫无顾虑

午餐时间到了，在FBI大楼里，探员劳伦正要与和自己交流工作的艾莎一起吃饭，以便能在餐桌上继续未完成的话题。

此时餐厅里的人很多，服务生先是为她们两个人找了两个并排的座位，还未等艾莎反对，劳伦很体贴地请求服务员再替她们寻找一处能相对而坐的位置。幸运的是，没过多久旁边便有两个人离开了座位，服务生便将她们安排在那张桌子上。此时没等劳伦开口，艾莎便先惊诧地问道："你怎么知道我不喜欢两个并排的座位呢？"劳伦眨了眨眼睛，风趣地说："因为我在FBI工作啊!"最终劳伦还是禁不住艾莎的一再追问，向她解释了其中的原委。

原来FBI当局很早以前就对座位的安排、方位和坐向有过专门的研究，其目的就是为了让探员在侦讯中能够更好地把握心理优势，以便在谈话时能够掌握主动权。而在所有有关如何安排座位项目中的重中之重便是：不同性别如何坐才能达到最理想的谈话效果。并得出了以下结论：

（1）男性更适合并排而坐。

两位男性交流时的最佳座位方式为并排而坐，因为这样更容易建立一种融洽的交流氛围，给彼此留下好的印象。而面对面交谈则会让男性产生不安全感，大多数男性都不喜欢从正面被人盯着，因为那样会让他们感到很有压力。当两位男性无可避免地必须相对而坐时，其中的一位或两位可以选择将身体略微倾斜，以此作为减少"对抗"的方式，从而可以建立更为融洽的关系。

从上面的分析我们也可以理解为什么有些男人喜欢在车里谈一些重要的事情，因为坐在正副驾驶的位置交流所产生的亲密感比面对面交谈时来得更舒服一些。

（2）女性更适合面面相对。

FBI研究人员在对女性该如果安排座位的研究中发现，女性与男性有着完全相反的倾向，她们习惯于与人面对面而坐。因为对于大多数女性而言，面对面交流的过程能让她们更好地看到对方的表情，当她们无法看到对方的表情时会感到不安，她们总是会担心与自己交流的对象会生气或是不认真听自己在说些什么。这也就能理解为什么坐在车上的时候很少有女性愿意聊天，因为车上座位的安排很难达到令她们满意的效果。

听了劳伦的解释，惊讶中的艾莎不由点头。此时订好的午餐终于来了，劳伦与艾莎又继续着办公室里未完成的话题。

其实对于FBI探员们来说，安排座位并非像劳伦所描述得那么简单，具体的座位安排也应视当时的目的、约谈对象和具体情况来决定。目的也不仅仅是为了在不同的环境中增加自身的心理优势，更重要的原因则是希望在各种错综复杂的环境中掌握并主导整个侦讯的全过程。毕竟主动权一旦丧失，侦讯工作也将无法再进行下去，更何况在侦讯的过程中，也并非总是只有探员和嫌疑人两个人。

那么，对于主角之外的其他人员，又该如何安排座位才不至于干扰到整个谈话过程呢？

（1）主角只有一个。

当侦讯过程中两个探员同时出现时，那么其中必然有一个才是真正的主角，配角大多会斜坐于离被约谈人稍远的位置。如果他只是配合做记录，则只需要坐到被约谈对象稍微看得到的地方即可。

（2）留一个微不足道的位置。

若是在被约谈者有陪同的情况下（如：一起来的律师或家属之类的人），可以将他们安排在当事人斜后方，也就是一个只要视线能够稍微看得

到的地方即可。这种安排同样也暗示了：你们的作用是微不足道的。

与此同时，我们还必须明白，安排座位不仅是为了给对方选择一个舒适的位置，以便使对方能交流更多；同时一个好的位置也应该能让我们更方便地观察对方的肢体动作，因为对“肢体动作”的观察不仅能使我们对对方的心理状态做出正确的判断，同时也会让我们更好地把握沟通过程中话题的强度。

第五章

人性：为什么狗是世上最善交友的动物

假如你能真诚地去关心别人，那么即使在两个月的时间里，你也会交到许多真诚的朋友，而且会比一个只是想得到别人关心的人在两年里所交的朋友要多得多。

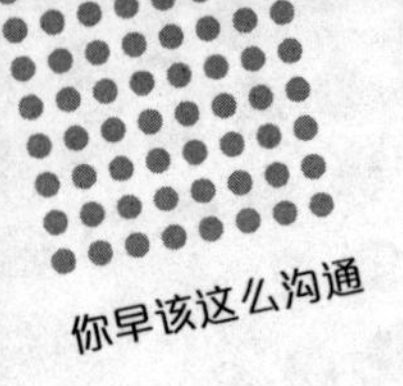

1. 为什么狗是世上最善交友的动物?

世界上最善交友的动物是什么?答案是狗!你是否认真地观察过,在动物王国里,唯一不需要工作就能舒服地生活下去的动物是不是狗呢?狗被人类称之为朋友,伴随在自己左右。

当然,你可以反驳说:“所有自然界里的动物都没有工作啊,只有人类才每天忙碌地工作。”是的,人类是唯一制造工具并进行工作的。而我所说的工作是指那种更普遍的劳作,也就是为寻找食物而奔波。从这个角度来说,哪种动物不是在“工作”呢?有句谚语这样说:“早起的鸟儿有虫吃。”每只成年鸟每天都不得不起得很早去找虫子吃,而那些凶猛的野兽,比如猎豹每天不得不追捕羚羊来获取食物。而那些被你宠在家里的狗却不需要每天去奔波,只需要把它忠诚的爱奉献给你,就可以生活得无忧无虑了。

约翰生活在一个单亲家庭,性情有些孤僻。在他上小学时,邻居送给他家一条小斗牛犬。约翰给它起了个名字,叫“桑尼”。每天,当妈妈去上班的时候,桑尼给约翰孤单的生活带来了快乐。每当下午的时候,桑尼就会乖乖地蹲在院子前面,静静地望着那条放学的小路,等候小主人约翰回家。每次老远听到约翰的脚步声,它就立即机灵地一路跑到约翰跟前,然后缠着约翰不停地绕圈。

然而令约翰非常痛心又遗憾的是,这只可爱的斗牛犬与他仅仅共同生活了5年的时间。在一个令人伤心的晚上,它不小心触到了墙壁上的插座,一下子就被无情的电击中并夺去了生命。这对桑尼来说无疑是一场痛苦的悲剧。

斗牛犬桑尼肯定不懂什么心理学知识，当然它也不需要，然而它却是约翰童年里最亲密的朋友之一。在与它相处的日子里，约翰真正明白了一个道理：假如你能真诚地去关心别人，那么即使在两个月的时间里，你也会交到许多真诚的朋友，而且会比一个只是想得到别人关心的人在两年里所交的朋友要多得多。如果你仅仅希望别人去关心你，那么你就是一个非常自私的人；而一个自私的人，又怎么能得到别人的关心呢？这样的话，你怎么能交到朋友呢？因为大家都在关注着自己，在你没有关心别人的时候，对方怎么会在意你呢？

曾经有这样一个实验：纽约一家电话公司为了调查哪些词是电话里最常用的，便就对话内容进行了分析。他们从500次的谈话中进行词汇筛选，结果显示的是这个词——“我”，它被用了3990次！是所有词语中使用频率最高的。

每个人都是“唯我独尊”，认为自己才是最重要的！因此请不要忘记，如果你只是一厢情愿地让别人来关心你，让别人来帮助你，即使是跟你再要好的朋友，也终会离你而去，这样你又怎么能交到新朋友呢？

曾经有一位著名的心理学家在他的著作中这样写道：“一个对别人冷漠的人，他的一生中遇到的困难会最多，而且对别人的伤害也最大。”

谨记这一点，你如果能做到反躬自省，脱去身上的那层冷漠的外衣，换掉那颗冷漠的心，满怀热忱，关心遇见的每一个人，那么你将是一个非常快乐的人。这些朋友或许会对你日后的事业产生影响，每个朋友都极有可能成为你事业上的有力臂膀！

然而交朋友不是商品交易，而是心灵相通，从另一个角度来看，朋友是另一个不同的你自己。如果你想交一个朋友，首先你就应当把他当作自己的朋友，即使这个人还没有把你当作他的朋友。你必须让他感到你的诚心，让他知道你是个值得交往的人，那么彼此很快就会成为朋友了。

那么我们再回过头来看之前的问题：为什么狗是最善于交友的动物？答案很简单：因为只有真诚对待别人，才能交到最好的朋友！

2. 要想钓到鱼，就要像鱼一样思考

庄子见水中的鱼儿一会儿上来吐几个泡泡，一会儿又沉下去，生活好不自在，于是说："那些鱼儿在水中如此从容，真是快乐啊。"

一旁的惠施（战国时期著名的政治家、哲学家）听见了，凑上前来问庄子："你又不是鱼，你怎么知道鱼儿的快乐呢？"

庄子回头反问道："你又不是我，怎么知道我不知道鱼儿的快乐呢？"

在人际交往当中，人们总是喜欢以己度人，以为自己的想法就是别人的想法，甚至有时候还会把自己的情感和意志都投射到别人的身上，限制了自己思考的范围，忽略了周围事物的独立性，这样便很难获得成功了。

约瑟夫·戴是美国纽约赫赫有名的地产销售商，有一次，美国钢铁公司总经理阿尔伯特·加里找到了约瑟夫，对他说："戴，我想买一栋属于我们钢铁公司自己的大厦。"

当时，美国钢铁公司的办公地点在纽约市著名的摩天大楼——共有102层的帝国大厦里，站在加里现在的办公室窗前，能够看到美丽的哈德逊河。河边码头上，船只来往如梭，加里很享受这样繁忙而热闹的景象。坐在窗前的加里对约瑟夫说："你得帮我买一栋既能够看到这样的美景，又能眺望港湾的大厦。"

约瑟夫用了整整三周的时间来帮加里思考这件事情，他画图、制表、预算、实地考察，最后却一无所获。

约瑟夫发现，其实帝国大厦附近的很多房子都符合加里提出的条件，却

没有哪一栋比得上帝国大厦那么漂亮与合适的了。不过看上去加里似乎更中意旁边那栋时尚的新楼，而且他说他的一些同事也主张买那栋大厦。

约瑟夫知道，除了这里之外，还有很多大厦都符合加里的要求，如果他这里迟迟未解决问题，加里恐怕要拜托别的人了。为防有变，约瑟夫决定尽快解决这件事情。

约瑟夫第二次约见了加里，这一次，他建议加里购买目前美国钢铁公司所在的这栋帝国大厦。他表示，旁边的房子虽然也能够看到窗外的美景，但是不用多长时间，就会有新的高楼立起来挡住这一切，但是对于帝国大厦来说就没有这样的顾虑，风景一定会常在。

可是这个建议马上遭到了加里的否决，他表示并不想购买帝国大厦。约瑟夫没有搭话，因为他清楚地看到了加里脸上的复杂表情，那绝对不是一种坚定的拒绝。随后，加里絮絮叨叨地说了一些不想购买的理由，但是约瑟夫已然感觉到那些理由都是零散的、微不足道的，纠结于一些很小的方面，怎么听也不像是加里自己的看法。

没过一会儿，聪明的约瑟夫有些明白了：加里在说着违心的话，他的内心其实很中意这栋大厦，可是嘴里却在极力反对。

该怎样让加里说出实话呢？

约瑟夫没有选择反驳，接下来的时间里，两个人都没有说话，在初春的晨光里，他们坐在加里的办公室里静静地喝咖啡，眺望着窗外那令加里钟爱的风景。

突然，约瑟夫开口了，他用一种沉静如水的声音问道："先生，刚到纽约的时候，您的办公室在哪里？"

听到约瑟夫的问话，加里感到很意外，说："什么意思？你知道的，最初的办公室就是这栋房子。"

"那么美国钢铁公司是在哪里成立的呢？"约瑟夫接着问。

加里沉默了一会儿，回答道："也是在这里，在我们现在所在的办公室。"双方再次陷入沉默，整整5分钟，他们都望着窗外一言不发，约瑟夫

甚至觉得这5分钟像1个小时那样漫长。

终于，加里开口了，他如释重负地说："几乎所有员工都主张买旁边的那栋新楼，新楼虽然洋气，各种设施都比这边好，但是这里是我们的根啊，我们就是在这里一步步成长和壮大的，实在是应该一直在这里住下去啊。"

就这样，加里说出了真心话，而约瑟夫也办妥了这件事情，让加里购买了帝国大厦。

没有复杂的表格和成本预算，也没有什么巧舌如簧的推销术，约瑟夫不愧为"世界上最伟大的地产销售商"，他就这样卖掉了房子，用一种近乎沉默的方式。

其实约瑟夫所用的不过是"像鱼一样思考"的方式，当他察觉到加里脸上的"不坚定"时，就开始集中精力去猜测加里的想法。当然，这需要足够的敏锐力，他抓住了加里的软肋，让加里说出了自己内心最矛盾的地方。

一方面，加里和其他职员一样，想感受新楼的全新配置；但另一方面，他又无法割舍对帝国大厦这栋旧楼的情结，虽然连加里自己都说不清楚是什么让他放不下，但是他毕竟在这里奋斗了很多年，从起家，到逐渐拥有很多东西。窗外的风景，甚至看风景的角度都已经熟悉了，在这里，他的自信心能够得到极大的满足。

事实上，加里想继续待在帝国大厦的心意是明显的，至少在约瑟夫眼里这一点很快变得明显起来。加里纠结的地方在于他无法让员工们领会他的意图，他更担心别人会笑话他的想法，害怕遭到其他职员的反对，毕竟对于一个要带领大家往前冲的人来说，念旧的小情结是最暴露自己脆弱一面的地方。

约瑟夫站在加里的角度看清楚了这个局面，所以他给予谈话充分的沉默，为的就是让加里度过最纠结的几分钟。当加里理清思绪后，其实无需约瑟夫再费唇舌去说服，加里自己就表露了想法。

这个故事传达给我们一个信息：如果你想要说服别人，一定要懂得站在对方的角度去思考问题。你了解了对方的想法，自然就知道了他易于接受什么样的方式，那么办起事情来就容易多了。

3. 恭维不是拍马屁，每个人都喜欢别人恭维自己

费城的一家公司承包了一项建筑工程。几乎每项都很顺利，然而在快要竣工的时候却出了点差错，负责供应外部装饰的承包商临时说不能按期交货。马克也因此被委派去做说客。

“你知道你的名字在这个城市是独一无二的吗？”这位说客刚一走进经理办公室，就对这位承包商这样问道。

“是吗？我可不知道。”经理惊讶地回答。

“我今天刚一下火车，查看你的地址时发现，在电话簿的所有名单上只有你一个人叫这个名字。”他这样解释说。

“啊，那竟然不是普通的名字！”经理看着桌上的电话簿自豪地说，“我的祖先是荷兰人，几百年前来到这里的。”然后开始兴奋地大谈特谈他的祖先和家庭。

之后，马克开始恭维经理竟然有这么大的公司，是他所参观的所有公司中最好的。“我花了多年的心血才发展成这样的，很不容易的啊！”经理带着一丝骄傲说，“你是否有空愿意参观一下我的工厂呢？”马克欣然答应，他边参观边称赞经理的管理以及各种机器配件，对方也不厌其烦地介绍厂里的各种情况，并且最后提出要请他吃午饭。

请注意，这位说客到现在还只字未提这次访问的目的。

午饭之后，经理开口了：“我们现在可以谈正事了吧，当然我也知道，你这次为何而来。我们这次的会面非常开心，我很满意。所以，你可以回到

费城转达我现在的许诺。即便其他生意可以推迟，你的那些材料我一定按期送到。”

这就是恭维对方带来意想不到的好效果的一个完美的例子！用赞美的方式开始，让对方抛开芥蒂之心，慢慢进入一种轻松平和的氛围。你给他面子，他自然也就会给你面子。恭维别人的优点，要记住，仅仅是出于真诚地赞赏！所以你首先必须要发现别人的优点，这样才会有机会满足他人的这种心理需要。

真诚的赞美就像医生的麻醉剂一样，虽然麻痹人却无害，它的目的是为了消除痛苦和解决问题。但是要记住，恭维别人的时候要注意分寸，千万不要把恭维变成拍马屁！

拍马屁只是一种低级的谄媚行为，就好像过多使用麻药会导致死亡一样。它是一种没有任何根据的瞎夸，只是为了从别人那里获取利益。它放弃了自我的尊严，卑躬屈膝、无中生有地讨好他人，这样不仅不能使对方信服，反而会激起他的反感。

真诚的赞赏和拍马屁是很容易区分开来的，拍马屁就像一张假钞，是一种虚伪的称赞。虽然人人都爱被恭维，但并不是任何恭维的方式都能为人所接受，并不是任何恭维的话语都能深入人心。大文豪萧伯纳曾说过：“每次有人吹捧我，我都头痛，因为他们捧得不给力。”恭维他人，是一门艺术，需要技巧和慧根。

当那些“老实人”恨恨地痛骂自己的同事“马屁精”的时候，在正义凛然的面具下，难以掩饰的是一种“恨己不成钢”的酸味和“羡慕嫉妒恨”。因为，他们自己也很清楚，即便是溜须拍马也不是人人都有那本事。

有一位头脑简单、动辄出语伤人的美女跑来虔诚地向她的前辈讨教恭维良方：“姐姐，我说话老得罪人，求求你教我拍马屁，好不好？”

“美女做花瓶就好了，用不着这个的。”

“啊呀，姐姐此言差矣，美女也会得罪人的。”

前辈无奈地说：“你没有这个悟性。”

“你都还没有教我，怎么知道我不行呢？”

“你刚才的回答就暴露了这一点啊。你刚才答的时候，明显是把姐姐我扫出了美女的阵营！我给了你恭维的漏洞和机会，你没有抓住啊！”

由此可见，恭维的技巧不是人人都能轻易掌握的。它需要灵敏的洞察力和见缝插针的钻劲儿。你还看不起恭维者吗？你还在自命不凡说“我想拍就一定能拍到位”吗？你还在懊恼无处下口吗？

深入人心的恭维，需要很高的悟性、很强的学习力、执著的践行力与日积月累的经验积累。我们需要学会把恭维话说得明白、说得到位、说得得体、说得出色，在最短的时间内抓住时机打动对方。可以参考下面的几种恭维原则：

（1）要有真实的情感体验。这种情感体验包括对对方的情感感受和自己的真实情感体验，要有发自内心的真情实感，这样的赞美才不会给人虚假和牵强的感觉。带有情感体验的恭维既能体现人际交往中的互动关系，又能表达出自己内心的美好感受，对方也能够感受你对他真诚的关怀。

（2）符合当时的场景，只需要一句就够，此情此景此时，和对方的想法合拍就可以起到好的效果。

（3）用词要得当。注意观察对方的状态是很重要的一个过程，如对方恰逢情绪特别低落，或者有其他不顺心的事情，过分的恭维往往让对方觉得不真实，所以一定要注重对方的感受。

（4）“凭你自己的感觉”是一个好办法，每个人都有灵敏的感觉，也能同时感受到对方的感觉。要相信自己的感觉，恰当地把它运用在恭维中。

（5）当你想责备或是呵斥别人的时候，不妨试着用鼓励和赞美来代替吧，你绝对会收到意想不到的好效果。

（6）当别人请你猜他（她）的年龄或者某物的价格时，一定要留意啊，这可不是表现你敏锐观察力的时候。

4. 争辩永远不会赢，永远不要说“你错了”

在遇到和对方意见不统一的时候，说“你错了”或许会为你带来一个敌人，但说“我错了”则可能为你带来一位朋友。

有一位擅长写纪实体小说的著名作家，在持续创作了十多年纪实体小说之后，突然想要尝试一些创新。于是，他查阅了很多资料，写了一部侦探小说。小说一经发表，各种意见纷至沓来、褒贬不一。有位性格火爆的读者写来一封信，言辞犀利地指责作家根本不该转型。这位读者详细阐述了自己对于小说写作的见解，以及对作家前后创作类型的批评，可是观点并不到位，理解也有失偏颇。

按常理，看到这样一封信，作家要么恼羞成怒；要么一笑了之，然后把这几页满含愤恨之词的信纸扔进垃圾桶里。可是这位作家并没有这么做，反而很真诚地写了一封回信。回信开篇，作家就诚恳地说了一句“我错了”，自我检讨不应该扬短避长，把自己不擅长的方面拿出来“敷衍”读者。随后，作家又在信中详细写下了自己这些年对于小说创作的心得，以及对于这项艺术的理解。信的末尾，作家还诚挚地感谢了这位读者，称赞他敢于大胆地提出意见，希望以后也能与他这么直率地进行交流。

信寄出去没多久，回信就到了。这一次，这位读者没有再说外行话，没有再用尖锐的语言有失偏颇地指责这位作家了。相反，他认真地阅读了作家的新作，从中发现了很多吸引人的地方。对于一个长期搞文学创作的人来说，即使转型最初不是那么成功，也不见得新作品会糟糕到无可救药的地

步，毕竟作家深厚的功底摆在那里。

就这样，作家和这位读者成了很好的笔友，这位读者从此以后再没有写过类似第一封信那样言辞激烈、欠缺思考的信了。

法国著名作家拉罗什富科曾经说过：“没有什么人比那些不能容忍别人错误的人更经常犯错误的了。”有人不能容忍你的错误，只能证明他可能正在犯错误，而这时候你要做的不是站出来变本加厉地指责他，而是主动地说一声“我错了”。

德国著名的心理学家苛勒回忆起自己的青春叛逆期，总是忘不了一件事。那个时候，苛勒和母亲的关系并不好，自从父亲抛弃了家庭，母亲几乎成了一个人见人怕的怨妇，经常情绪失控，并且总是把满腔怨气发泄在苛勒身上。在邻居眼中，苛勒家几乎每天都有歇斯底里的争吵声。

苛勒知道母亲的痛苦，很多时候，他在心里一遍遍地告诉自己：“我是男子汉了，我应该体谅母亲，不能再和她争吵了。”可是每次回家，因为一点点事情，母亲就会大发雷霆地指责他，而这样的指责又会点燃苛勒的暴躁情绪，让他完全忘了前一分钟自己许下的诺言。于是，家庭大战依然每天在上演，叛逆的孩子和受伤的母亲相互关爱，却又无法好好地相处。

有一次，母亲又因为苛勒没有将牛奶放进冰箱而生气。苛勒甚至能够看见有一团怒气从母亲身上窜起来，眼看就要爆发，不用说接下来肯定又是一场争吵。但这一次，苛勒及时熄灭了战争的苗头，他压低嗓音，很诚恳地说了一句：“对不起，妈妈，我错了。”

苛勒看到母亲身体里暴涨的怒火陡然消失了，有那么一秒钟，他觉得母亲像一只泄了气的皮球。可是很快，苛勒看见了母亲眼中的泪水，他的母亲，这个被一场背叛折磨得心力交瘁的女人，突然走上前紧紧地将他抱在怀里，口中不停地说：“哦，对不起，我的宝贝，对不起我错了，我一直都错了……”

从此以后，苛勒母子的关系变得亲密起来，邻居们再也没听到过那歇斯底里的争吵声。

很多年以后，苛勒回忆道：

“那天真的不知道为什么会主动向母亲道歉，可能是因为看见了她就要爆发出来的怒气吧。脑子里一直有个声音在说：‘我不想再过那样的日子了，不想再争吵了，一刻也不想，就从现在开始！’”于是苛勒几乎是下意识地说了一句“对不起”。正是这句“对不起”，改变了母亲此后的行为，她变得温和起来，不再会因为一些微不足道的小事就暴跳如雷，也不再喋喋不休地抱怨男人，抱怨全世界。最重要的是，她似乎想起来自己其实一直就是个美丽的女人，这让她重新找回了信心，也找到了新的爱情。

认错带来的改变就是如此之大，当你去指责对方说“你错了”的时候，对方的反应往往会让你难以接受，他很可能暴跳如雷，无法抑制地来和你争辩，非要论出个是非曲直。关键是那样非但不能解决问题，还会把大家的愤怒之火都点燃。

这个时候，如果你先开口承认“我错了”呢？就算真正错的未必是你，但是你的主动妥协会留给别人一个思考的契机，因为你先堵住了对方争辩的嘴，他既然不用花时间去争辩，自然就会有时间思考了。

暂时的停顿其实已经足够让思维转好几个圈，你的主动认错也会给对方一个自省的机会。“他说他错了，那么我有没有可能也错了呢？”如果对方能够想到这一点，就证明他开始审视自己的行为了。

就像苛勒的母亲那样，当苛勒说出那句“对不起”的时候，她想到的可能已经不再是苛勒有没有错，而是自己有没有错了。因为一点小事就暴跳如雷，每天和自己的儿子僵持，每天去责骂自己最亲的人，这难道还不叫错吗？

这样的反省带来的是行为的改变。不想再要这样的生活了，那么我们就改变它吧。我们先想想自己的错误，我们心平气和地说话，我们不再徒劳地去和对方比谁嚷嚷的声音更大……于是，一切都有了一个好的开始。

如果想要操控别人的行为，让别人朝着自己期望的方向改变，那么光靠嚷嚷是没有用的，直接说“你错了，应该按照我说的做才对”更加没用。激化矛盾只会增强对方的反感，使对方加固心理防线。相反，主动承认错误，让对方以你的错去思考自己的错，从而做出改变，这样的改变不正好符合了你内心的期望吗？

5. 要想别人同意你，就要让他觉得那是他自己的主意

美国第26任总统西奥多·罗斯福是美国历史上最伟大的总统之一。2006年，即他去世差不多九十年之后，美国最有影响力的《时代》杂志将他作为封面人物，标题是“THEMAKINGOFAMERICA”（缔造美国）。今天人们对于西奥多·罗斯福最津津乐道的，莫过于他独特的个性和他在总统任期内推行的改革政策，而他独特的个性也形成了他独特的做事风格。

西奥多·罗斯福在当选美国总统之前，曾经担任过纽约州州长。在担任州长的期间，他一方面和许多政治领袖都保持着良好的关系；另一方面也在实施让那些政治首脑感到头疼的改革。然而让人惊讶的是，在大刀阔斧的改革面前，西奥多·罗斯福却很少得罪那些“老顽固”，他是怎么做到的呢？

原来，每当有职位空缺的时候，西奥多·罗斯福就会邀请所有政治领袖来推荐适合接任的人选。情况往往是这样的，领袖们首先都会推举一个很差劲的“党棍”，这个人和这些“老顽固”都有很深的渊源，上来工作也是因为需要被“照顾”。

然后，西奥多·罗斯福此时就会谦逊地表示，任命这样一个人也许不是什么好政策，大家也不会赞成的，建议再考虑一下。

接着，“老顽固”们会再提供另外一个人的名字，这个人可能是个老公务员，在岗位上混了大半辈子，只求一切平安、明哲保身，根本不可能有什么建树。

这时西奥多·罗斯福又指出，这个人在工作方面是很不错，但是担任这个职位的话，或许不能达到大众的期望。他请求大家看看是否能找到一个显然很适合这个职位的人选。

当他们第三次将新人选报上来的时候，差不多可以了，但还是不算好。这时，西奥多·罗斯福先是表示诚挚的感谢，然后会提出小小的要求，希望他们再不辞辛劳地试一次，挖掘一下人才。

一般到了第四次，推举上来的人大概就是西奥多·罗斯福心中的理想人选了。西奥多·罗斯福除了对大家的协助表示感激之外，还会对被任命的人说，推举他的其实是那些政治领袖。

每一次，西奥多·罗斯福都尽量征求别人的意见，他让那些在自己身边工作的政治领袖觉得其实是他们自己独具慧眼，选出了厉害的“千里马”。

在别人提出的看法和自己的看法之间，你是不是对自己的看法更有信心呢？而当别人越是强烈地想要将他的看法强加在你的头上时，你是不是更加觉得只有自己的看法才是对的呢？如果是这样，那么当你面临要说服别人的情况时，请记住这一点：与其把你的想法加在别人身上，“逼迫”他接受，不如让他觉得那是他自己的主意。

无独有偶，发生在费城的皮尔逊医生身上的事情也证明了同一个道理：与其苦口婆心地用自己的观点去拼命说服别人，不如让对方感觉那是他自己的主意，因为那样接受起来，心里会舒服得多。

皮尔逊医生工作的地方是费城的一所数一数二的大医院。有一次，医院需要新增一台释放脑压的仪器。各医疗器械商从不同的渠道得到了这个消息后，纷纷前来介绍自己的产品。整整一周，皮尔逊医生都无法安心工作，脑子里充斥着各个推销商的面孔和他们絮絮叨叨地对自己产品吹捧之至的言语。可是到最后，皮尔逊医生也没决定究竟购买哪家的仪器。

这时，皮尔逊医生收到了一封信。

尊敬的皮尔逊医生：

我们工厂最近生产了一套新型脑压释放机，这批仪器的第一部分刚刚运送到我们办公室里来，可是我们发现它并不是十全十美的，在运行上还存在

着一点点欠缺。我们想要改进这点小缺陷，如果您能抽时间来看看这台脑压释放机，并站在您作为一名优秀医生的专业角度给我们提出一点宝贵意见的话，我们将深表感激。我知道您非常忙，可是如果您愿意，我们将会派车来接您。

从来都只有厂商在皮尔逊医生面前夸耀自己的产品是多么完美无缺，没有一个人问过他作为一个医生的意见，这样的事对于皮尔逊医生来说还是头一遭。

虽然那天皮尔逊医生很忙，也很疲惫，但是下班的时候，他还是去看了那台仪器。结果他发现越是研究，就越喜欢上了这台仪器，而且对于他提出的建议，对方也做了更加精良的改进。最后，皮尔逊医生决定买下这一整套设备。

没有人喋喋不休地试图左右皮尔逊医生的意思，向他推销产品，那完全是他自己的主意，不是吗？那个厂家的高明之处就在这一点上，想要说服对方购买自己的仪器，何不让对方自己去拿主意？要知道说得过多，反而会适得其反。

没有人喜欢被迫购买或者遵照硬性的命令去行事，如果可以选择，大多数人倾向于自己拿主意。如果你想用自己的观点说服别人，不妨下点功夫，看看怎样巧妙地让对方觉得他是出于自愿的。

我们都很高兴有人来问我们的意见，关心我们的想法，而不喜欢别人颐指气使地命令我们该怎样做。如果非要选择什么，相信大多数人都希望那是自己做出的决定。所以，如果你想要说服别人，不要忘记这个原则——让别人觉得那是他自己的主意。

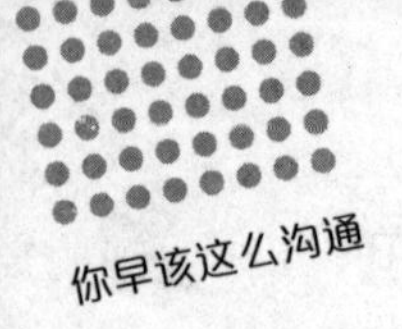

6. 谈对方最感兴趣的话题，而不是你最感兴趣的话题

人人都有自己感兴趣和为之骄傲的事情，这件事情就像藏在人内心深处的小天使一般，不管这个人是多么豁达，多么不在乎名利，多么淡然，一旦触碰到他心中的小天使，他也会眉飞色舞、神采飞扬起来。

耶鲁大学建于1701年，初名“大学学院”，位于美国纽黑文市，是美国历史上第三所大学。

1718年，大学学院名声在外，急需大笔资金修建校舍，以便更多学子能在这里学习。第一任校长亚伯拉罕·皮尔逊为了筹到修建校舍的资金，写报告层层往上请示，但却迟迟得不到答复。不得已，他只得向当时在纽黑文的英国东印度公司高层官员伊莱休·耶鲁求援。

亚伯拉罕之所以选中这位高官，是因为伊莱休非常热心教育，经常救助贫困儿童，据说他在英国还赞助了一所学校。这样一个人，应该不会对大学教育面临的困难坐视不理吧？不过亚伯拉罕只是听说过伊莱休，并没有见过面，对于伊莱休会不会帮助自己，亚伯拉罕完全没有把握，可是一想到全校师生没有统一校舍，生活和学习都非常不方便，他觉得无论如何也要硬着头皮去试试。就这样，亚伯拉罕敲开了伊莱休家的大门。

“尊敬的伊莱休·耶鲁先生，久闻大名，我近日到州教会的时候再一次听到各界朋友对您的称赞，深感钦佩。今天途经贵府，特来拜访。”亚伯拉罕的语气充满谦逊。

“您真是太客气了，皮尔逊先生。”伊莱休的语气平淡且有距离感。

“在全纽黑文，谁不知道伊莱休先生您具有远见卓识，热心慈善，并且创立了慈善基金会。您帮助穷人，支持教育，这样不只是影响了那些受到您帮助的人，更重要的是以您的思想为榜样，很多上流社会的绅士们都开始关注穷人，热心公益和慈善了。还有您创立的基金会，如今已经帮助了数以百计的孩子，他们将来不管走到哪里，都会记得您。”亚伯拉罕的一席话既讲到了伊莱休所做的慈善事业的方方面面，又对他的行为给予了充分的说明和肯定，这一番赞扬说得伊莱休心花怒放。

接下来，亚伯拉罕话锋一转，开始诉说起自己的无能和悔恨。“身为校方的负责人，我明明知道学校无校舍，师生们无处休息，每天要花费大量时间在路上，耽误了学习，却毫无办法。向上面申请，总也得不到回应，我个人又毫无能力。唉，要是能多几个像伊莱休先生这样的人，真心实意地关心穷人、支援教育那该多好啊。只要能申请到一些物资，孩子们就能在学校里住宿，多些时间学习和做研究了。”说完，亚伯拉罕的情绪明显低落了下去。

听到这里，伊莱休立刻起身，拍着胸口说：“我了解您作为学校负责人的苦衷，难得我们为孩子着想的心都是一样的。您不必再往上面打报告了，这些物资我想办法给你们，希望能够真正地帮到那些肯勤奋学习的孩子们。”

亚伯拉罕激动地握住伊莱休的手，向他表示由衷的感谢。

后来，伊莱休果然向学校捐赠了九捆总价值五百多英镑的货物，还有四百多本书，以及英国国王乔治一世的肖像和纹章。这些在现在看来极其普通的物品，对于当时的耶鲁大学来说却无异于雪中送炭。为了感谢伊莱休·耶鲁的慷慨捐赠，学校正式更名为“耶鲁学院”，它就是今日耶鲁大学的前身。

要是当年亚伯拉罕没有敲开伊莱休家的大门，或者在交谈的时候絮絮叨叨，抑或一开始就将目的表现得非常明显，那么结果未必就是这样了。亚伯

拉罕所做的就是从伊莱休感兴趣的话题说起，也就掌握了谈话的方向。

与人交往时，如果能预先知道对方的喜好，或在言谈中多注意一些对方说话的重点，然后在有意无意间自然地谈到对方感兴趣的事情上来，只要对方不是心情极糟，或者对你非常不满意，他一定会非常高兴认识你这么一个人。

亚伯拉罕是十分精明的，首先，他了解伊莱休的情况，知道对方对慈善事业抱有兴趣和责任感；然后是给予肯定和赞扬，这对伊莱休产生了极大的激励作用；最后，他诉说了自己的无能与悔恨，这也赢得了伊莱休极大的同情，而自己的无能又恰恰是对方感兴趣并且做得很好的事情，从而打动了对方，达到了自己的目的。

从对方感兴趣的话题入手无疑是最快的途径。不过，关于对方感兴趣的事，你又应该从何处去了解呢？

首先，看看你的朋友中有没有与对方认识的人或者有工作联系的人，如果有的话，向他探听当然是最容易的。如果你需要了解的是公众人物，那么留心报纸或刊物，平日多关注对方的兴趣爱好，需要的时候就可以运用。

另外，随时留心交际场中的谈话，有些陌生人透露的信息很可能正是你需要的。但是必须注意时效性，也许对方先前感兴趣的事情，现在已经不再感兴趣，如果有这种情形，切忌贸然再提起，以免引起尴尬，甚至使对方不悦，那样反而对你不利。

与人相处或有求于人，要学会喜人之所喜，好人之所好，这并非是没有骨气。在适当的时候说出对方感兴趣的事，他人必会将你当成知己。

当然，说话的时候要特别注意技巧：表示敬佩，但不要过分夸张地赞赏，否则他会认为你是阿谀奉承；把握住事情的关键，先弄懂对方的想法，再慎重提出，说到对方心坎上去，他会认为你是真正的知己。你一面听他的言谈，了解更多他感兴趣的事，一面再说几句赞同的话，如此一来，即使他是个冷漠的人，也会变得和蔼可亲，容易接近。如果你有求于人，那么就利用这个机会，稍稍表达你的意思，也许成功就会向你招手。

第六章

话语冷读术——瞬间打开对方心扉的方法

正所谓“测得风向才能使舵”，人际交往中，对他人的言语、表情、手势、动作以及看似不经意的行为有较为敏锐、细致的观察，是掌握对方意图的先决条件。

1. 懂得像医生那样“望、闻、问、切”

清朝时，一位举人经过三科，又参加候选，得了一个山东某县县令的职位。第一次去拜见上司，想不出该说什么话，沉默了一会儿，他忽然问道：“大人尊姓？”

这位上司很吃惊，但还是勉强回答了他的问题。县令低头沉吟良久，方才开口道：“大人的姓，百家姓中并没有。”上司更加惊异，说：“我是旗人？贵县不知道吗？”

县令又站起来，说：“大人在哪一旗？”

上司说：“正红旗。”

县令说：“正黄旗最好，大人怎么不在正黄旗呢？”

上司勃然大怒，问：“贵县是哪一省的人？”

县令说：“广西。”

上司说：“广东最好，你为什么不在广东？”

县令吃了一惊，这才发现上司满脸怒气，只得赶快退了出去。

第二天，上司令他回去，任学校教职。究其原因，便是这位县令不会察言观色。我们如能真的在交际中察言观色，随机应变，也是一种本领。例如在访问中我们常常会遇见一些意想不到的情况，访问者应全神贯注地与主人交谈，与此同时，也应对一些意料之外的信息敏锐地感知，恰当地处理。这时就需要我们发挥察言观色的本领，关注对方说话时脸部的表情。表情比言语本身更能表达内心的动态。人类五官之中，眼睛是最敏锐也是最诚实的。

《孟子·离娄篇》说：“存乎人者，莫良于眸子。眸子不能掩其恶。胸

中正，则眸子了焉；胸中不正，则眸子眊焉。听其言也，观其眸子：人焉廋哉！”意思是说，观察人的邪正，没有比观察他的眼睛更准确的了。眼睛不能遮掩人的恶念。心正，眼睛就明亮；心不正，眼睛就昏昧。听了他的话，再看他的眼睛：人的邪正，哪里隐藏得过去呢？

另外，说话的速度、说话的音调、说话的节奏等，也能帮助我们揣摩对方的心理。比如，说话的速度常常能反映一个人的心情，说话快的人突然慢下来，那他可能有些不满；而说话慢的人忽然加快语速，他可能在说谎，或者心中怀有愧疚。一般人说谎时，由于害怕事情被揭穿，音调会不自主地提高；同时，为了反对他人的意见，也可能提高自己的音调。如果一个人说话节奏比较顺畅，说明他很有信心；若张口结舌、吞吞吐吐，说明他缺乏自信。而喜欢复述说话者的言辞，表示自己一直在注意听；一边听话一边点头，表示全神贯注、心无旁骛；自问自答的人，多半相当顽固；既不肯定又不否定的人，往往具有神经质。

再就是观念，每一个人的观念，都不太一样，必须平日多做沟通，促进了解，把对方的价值观和人生观摸清楚，然后再来评断，通常比较准确。否则把坏人当成好人，将好人看成坏人，不但自己吃亏，也会引起他人的不满。

如果对方一面跟你说话，一面眼往别处看，同时有人在小声讲话，这表明刚才你的来访打断了什么重要的事，对方心里惦记着这件事，虽然他在接待你，却是心不在焉。这时你最明智的方法是打住，丢下一个最重要的请求告辞：“您一定很忙，我就不打扰了，过一两天我再来听回音吧！”你走了，对方心里对你既有感激，也有内疚，心里想着：“因为自己的事，没好好接待人家。”这样，他会努力完成你的托付，以此来补报。

正所谓“测得风向才能使舵”，人际交往中，对他人的言语、表情、手势、动作以及看似不经意的行为有较为敏锐、细致的观察，是掌握对方意图的先决条件。这对于职场人士尤其重要，我们与人打交道时，一定要对其眼神和手势仔细观察，像医生一样学会望、闻、问、切，这样才能够让我们洞悉其内心。对方此时一般有以下几种表现：

（1）说话时不抬头，不看人。这是一种不良的征兆——轻视，认为对

方无能。

（2）从上往下看人。这是一种优越感的表现——好支配人、高傲自负。

（3）久久地盯住下属看——他在等待更多的信息，他对你的印象尚不完整。

（4）双手合掌，从上往下压，身体起平衡作用——表示和缓、平静。

（5）食指伸出指向对方——一种赤裸裸的优越感和好斗心。

（6）双手放在身后互握，也是一种优越感的表现。

（7）手指并拢，双手构成金字塔形状，指尖对着前方——一定要驳回对方的示意。

（8）双手叉腰，肘弯向外撑，这是好发命令者的一种传统人体语言，往往是在碰到具体的权力问题时所做的姿势。

（9）坐在椅子上，将身体往后靠，双手放到脑后，双肘向外撑开，这固然说明他此时很轻松，但也很可能是自负的意思。

（10）拍拍对方的肩膀——对对方的承认和赏识，但只有从侧面拍才表示真正承认和赏识。如果从正面或上面拍，则表示小看下属或显示权力。

（11）把手捏成拳——不仅要吓唬别人，也表示要维护自己的观点，倘用拳头敲桌子，那干脆就是企图不让人说话。

（12）友好和坦率地看着对方，或有时朝对方眨眨眼——对方很有能力、讨他喜欢，甚至犯了错误也可以得到他的原谅。

（13）目光锐利，表情不变，似利剑要把下属戳穿。这是一种权力、冷漠无情和优越感的显示，同时也在向下属示意：你别想欺骗我，我能看透你的心思。

（14）偶尔往上扫一眼，与下属的目光相遇后又往下看，如果多次这样做，可以肯定上司对这位下属还吃不准。

（15）向室内凝视着，不时微微点头。这是非常糟糕的信号，它表示上司要下属完全服从他，不管下属们说什么，想什么，他一概不理会。

察言观色就如看云识天气，哪块云有雨，需要长期的积累方能知晓，我们只有做好社交中的“天气观察”，才能预知“天气”的变化，才能在这一场心理战中运筹帷幄！

2. 开场30秒，先读懂对方的体态语言

有一项研究表明，在面对面的沟通中，那些来自语言文字的信息不会超过35%，有65%的信息是通过非语言形式传送的，并且有时非语言信息比语言信息要更具有说服力。

非语言沟通中的主要方式是体态语言，它包括眼睛、脸部和身体语言，读懂体态语言有助于提高沟通效果。

眼睛在接受信息时扮演着重要的角色。在我们所有的知觉中，受依赖程度最深的是视觉，它是我们周围信息的主要来源。经理们常常这样说："我最好去巡视一下，看看工作情形如何。"可见我们多么依赖视觉收集信息。同时，眼睛是心灵的窗户，喜怒哀乐能同时表现在眼睛和脸上。据统计，人类的脸部可以做出25万多种不同的表情，因此在商务谈判沟通中要善于捕捉谈判对手发出的体态语言信息。

在不同的文化中，这种非语言表达方式也不同。在美国，大拇指和食指圈成一个圈意味着一切都很好、很顺利，然而在德国和南美的一些地方，这种手势则表达一种下流的意思；在英格兰和苏格兰用手碰碰鼻子表示"只有你我知道这个秘密"，而在威尔士这表示"你真爱多管闲事"；在荷兰用一根手指点一下你的脑门表示"你真聪明"，可在欧洲其他地方，同一手势表示"你一定疯了"或者"这是多么荒唐的念头啊"；希腊人点头表示同意，这一点和美国一样，但是表示"不"时，希腊人则扬起脸向后甩头，他们把一只手或两只手同时高举到肩部表示"坚决不"；在日本长时间的目光接触被视为粗鲁、恐吓和不敬的表示，但阿拉伯人认为这种目光交流是对对方的关注，而且有助于评估对方话语的真实性。

在我们的职场中，要想在领导面前展现睿智的一面，我们需要比他棋高一招——比他更懂他的身体语言！一个不经意的皱眉，或许暗示领导对你的所为略感不满，你立刻改变工作模式，他会觉得你机敏得力……每个人都是一本书，老板也如此，读懂他微妙的身体语言，你就能在职场出奇制胜！

（1）尖塔式手势——老板很有把握。

当老板两只手的指尖轻轻相碰，形成尖塔式手势，放在嘴上或颌下，这代表他对眼前的事很有信心。这是上级指导下级，或律师面对客户时的招牌动作。身体语言研究者发现，三成以上的老板，在和员工进行私人谈话时，都以“尖塔式”作为开场动作。

老板的潜台词：“我是老板，你得听我说，最好别插嘴。”

你可以这么做：尖塔式手势原本是早期的祈祷手势，做这个动作的人在潜意识中，想让自己看起来更像万能的上帝。面对老板，千万不要以尖塔式手势回应他，这只会让对方觉得你自鸣得意、狂妄自大。这时最好微笑、点头，频频附和老板说的话，以示你与老板站在同一立场。

（2）上身斜倾——老板在等你说话。

当老板一边说话一边将身体往一侧倾斜，另一只手向前平摊，手心朝上放在桌面上，语速还会减慢，双眼直视你的嘴唇或眼睛。这说明老板在等待，此时他说什么并不重要，重要的是他在用身体语言告诉你，该轮到你说话了。

老板的潜台词：“我要告一段落了，别光听，请发表高见。”

你可以这么做：既然老板做出这个动作，说明他有足够耐心倾听。如果你有不同意见，这时提出最好。和老板说话前一定要打好腹稿，把自认为最精彩的言论放在这时说，老板会格外重视。

（3）轻轻擦掌or频繁点头——老板赞同你的观点。

研究显示，如果是男老板，与下属谈话时碰到感兴趣的问题，或对你的

意见表示赞同，他会轻轻对搓双手，这种动作在推销员和客户间也常见。如果你眼前的推销员做了这个动作，说明他对这笔交易很满意，他才是最大受益人。而女老板，尤其是年轻女老板，表达赞同的方式则是频繁点头，示意她对你的建议非常满意。

老板的潜台词：“很精彩，继续说，别停。”

你可以这么做：有意放慢语速，斟酌自己的用词。老板这么做，是对你工作的肯定，但这只是第一步。如果你得意忘形，在接下来的谈话中夸夸其谈，反而给老板留下办事不牢靠的印象。这时最重要的是保持谦和的态度。

（4）用手摸耳朵——老板对你的话表示怀疑。

当脏字不小心脱口而出，孩子往往马上用手捂住自己的嘴，听到父母责骂时就迅速捂住耳朵，这种习惯跟随孩子长到成年。当老板对你的话表示怀疑时，不会当场提出，却会不由自主地用手摸耳朵，或是靠近耳朵的颧骨和脸颊，有时眼睛还会漫不经心地往桌上看。毕竟听下属汇报不确定的消息不是什么愉快的事，他这么做是试图分散瞬间的不快。

老板的潜台词：“真的吗？我怎么没听说？”

你可以这么做：首先想想，你汇报的消息是不是完全准确，如果你不太肯定，最好迅速转换话题，或在陈述末尾加一句，“这个问题我还要再想想，回头汇报。”但如果你能保证消息准确性，可以在陈述的同时，十指交叉，摆在桌上，这是表达自信的动作。但要记得面带微笑，否则老板会觉得这个动作给他压力。

（5）手指托住下巴——老板对你的话不耐烦。

当老板竖起食指，挨着脸颊，把大拇指抵在下巴上，千万别误以为他正在思考你的话，这其实表示他对你的话开始厌倦。如果你仍滔滔不绝，听者可能还会用食指摩擦眼睛，这种姿势常被误读为——对方听入迷了，但这其实是人体在厌倦时的自然反应。这意味着，如果你再说下去，老板说不定会睡着。

老板的潜台词：“我的时间很宝贵，我们的谈话时间太长了。”

你可以这么做：如果你手里有文件，最好把它递给老板，巧妙地让老板改变姿势，他的态度也会随之改变。更重要的是，迅速想想今天的谈话重点，把没说的赶快说出来，加快语速，让老板明白，你正为缩短谈话时间而努力。

（6）双臂环抱，身体靠后——老板希望你结束谈话。

双臂环抱是一种保护性姿势。当老板双臂环抱时，说明他在潜意识中抵触眼前的人；而身体靠后意味着老板刻意与你拉开距离，意味着他想结束本次谈话。

老板的潜台词：“我已经烦了，你赶快走吧。”

你可以这么做：无论说没说完，都要在最短时间里结束本次谈话。千万别试图用最后几秒说清自己的观点，老板的时间有限，还是下次说比较好。这时你可以也把身体往后仰，让老板看出你没有久留的意思。另外，这时不要再提重要观点，因为即使说了，老板也不会在意。

3. 说话声音的变化可以反映人内心的变化

最近，某男士发现自己的女朋友开始爱美起来，不管是衣服还是化妆，都比平时更华丽，而且行为也有点古怪。对此，该男士有一种不祥的预感。终于有一天，他忍不住问了一句：“你是不是有什么事瞒着我？”结果，女朋友笑着否定道：“哪有，你多心了。”

而且，女朋友没给男朋友任何继续发问的机会，就抬高声调说：“我说，我们上一次看的那部电影……”以此把话题叉开，然后嘴像机关枪一样“哒哒哒”地说个不停。她这种不自然的态度更加深了男朋友的怀疑，但苦于找不到证据，只好默然听着。

谈话过程中，如果说话的声调突然抬高、语速加快、喋喋不休，那很有可能说了慌。人说话的音量、声调、节奏等叫做“副语言”。从嘴里说出来的话可能有真有假，但副语言能比较真实地反映一个人的内心。

一个人说话语音、语调、语速的变化，大多是内心情绪发生了波动。我们要想读懂对方内心的想法，还要根据当时情景以及场合，并且参考说话者的肢体语言以及说话内容。这样，就可以把握对方真实的想法，获得社交中的主动权。一个人说话的语音、语调、语速基本上是恒定不变的。但是在某些时候，因为内心情绪的变化，说话的语音、语调、语速都会发生变化。我们完全可以根据这些变化读懂他内心的想法。

一个人说着说着，突然声音变大了，主要有以下三个原因：

（1）情绪非常激动。

当一个人遇到高兴的事或者情绪激动时，说话声音会情不自禁地提高一些。

（2）想说服对方。

很多人都发现，大声说话是说服对方的很好的“武器”，至少在气势上可以压倒对方。他只要把话说得够大声、够尖锐，就能给对方一种很自信的感觉，从而同意并接受他的观点。例如，在辩论赛的时候，参赛选手的说话声音都会比平时要高。所以，当一个人说话声音突然提高，他可能是想说服你，让你接受他的观点。

（3）想支配或者命令对方。

当一个人想支配或者控制对方的时候，说话声音一般会提高一些。例如，经理可能会这样对下属说：“我的话听到没有？”这时候他的说话声音要明显比平时高。

另外，一个人说话的时候声音突然变小了，主要有以下两个原因：

（1）心中不安。

某公司会议上，销售经理让各个业务员汇报本月的销售额时，当轮到众多业务员中销售业绩最差的一个人汇报时，他不由得会将声音降得很低。

当一个人心中不安、心情紧张的时候，会情不自禁地把声音放低。他希望对方听不到自己的话（当然，这是不可能的），以寻求心理上的安慰。

（2）缺乏自信。

当一个人没有自信心的时候，他也会把说话声放低。例如，我们问一个人：“这件事能做到吗？”如果他有信心，他会非常大声地作出肯定回答；当他缺乏信心的时候，他就会把说话声压低。

一个人说话的语速突然变快时，主要有以下四个原因：

（1）掩饰内心的不安。

很多人说话时语速突然变快是为了掩饰内心的不安全感。例如被揭穿时，他会对自己的谎言加以解释，这时候他说话的语速会突然变快，以掩饰

内心的不安。

（2）当一个人情绪激动的时候。

例如，当一个人紧张、焦虑、兴奋、急躁、愤怒、恐惧时，他说话的语速也会加快。

一个人说话的语速突然放缓时，主要有以下两个原因：

（1）表达对他而言很重要的观点。

当一个人说到对自己来说很重要的观点时，他一般会放慢语速，希望对方能够听清并且记住自己的话。例如，老师在讲课时讲到重点内容的时候，就会把说话的语速放慢。

（2）因感动、难过或者忧伤。

当一个人困惑、难过或者忧伤的时候．他的心情就会变得沉重起来，语速也会因此放缓下来。

4. 看懂对方说话时“Yes”与“No”的手势

手势是很多“体态语言”中的一种，而在这很多的“体态语言”中，它也是最有表现力的一种。在长期的社会实践过程中，手势被赋予了种种特定的含义，具有丰富的表现力，成为人类表情达意的最有利的手段，在肢体语言中占有最重要的地位。所以人际交往中，当我们想表达意见时，往往在说话的同时，还会添加相应的手势。

可以说，除了真正的语言外，手势是最容易沟通的“语言”。当我们想表达对他人的赞美时，一个竖起的大拇指已经可以让对方感受到我们由衷的赞美；当我们表示同意时，“OK”手势已经足以让对方心领神会；当取得胜利时，一个“V”手势，已经表明我们的成绩。

手势的运用场合很多，日常生活中的招手、欢呼、鼓掌等都属于手势的运用范围，但是我们在运用手势时也有一些需要注意的地方。手势应根据地域、场合和目的的不同恰当运用，不可过度。尤其不要一种手势反复地使用，以免使人感到单调、厌烦；使用任何一种手势时，其幅度不宜过大，否则就会显得夸张；同时不要下意识地滥用手势，不然会导致对方误解，甚至被认为缺乏教养。

还应该注意的是，如果是去国外或者同外国友人打交道，应事先了解一些基本手势在那个国家所表示的意思，否则，会让对方觉得你很没有礼貌。如，竖大拇指在中国被认为是赞赏、夸奖，暗示某人真行的意思。而在美国、英国、澳大利亚等国家，这种手势则有三种含义：搭便车、表示OK、

骂人；在希腊，这种手势意味着“够了”“滚开”，是侮辱人的信号。

将大拇指指向自己，是自夸的意思，而跷向别人，通常是看不起人的表示。一般来说，在社交场合，不宜将拇指跷向自己或别人，因为这样做往往给人一种很粗鲁的感觉。

“OK”手势在欧美通常表示同意，暗示赞成或欣赏对方的观点；在日本则表示“懂了”；在缅甸、韩国表示“金钱”；在印度表示“正确”；在泰国表示“没问题”；在巴西，常以之指责别人作风不正；在突尼斯表示“无用”；在印尼表示“不成功”；在地中海国家，常用它来影射同性恋。

手势是演讲者诉诸听众视觉、给听众以演讲者直观形象的构成部分；也是交流、传播思想、意念和情感的最重要的辅助手段。

手势既可以引起听众注意，又可以把思想、意念和情感表达得更充分、更生动、更形象。在我们与人交往的过程中，我们要学会看懂别人说“NO”的手势，这里简单介绍几个比较常见的说“NO”的手势：

（1）摇手

将一只手向上举，手掌朝外，从一侧迅速地向另一侧摇动。伴随这个手势的同时，可能还会随之摇头，脸上没有微笑。在非常喧闹的房间里对他人做这个动作的时候，是表示“不用了，谢谢”的意思。这个姿势的升级版是将双手交叉，掌心向外，放在胸前。

（2）挥手

日本人在表示“不”的时候，会举起他的右手，然后向侧面转，放在脸的前方，同时，从一侧向另一侧挥动前臂和手。

（3）摇头

人在婴儿时期，如果他不想继续吃奶的话，他会将脸转到另一边。这个姿势在全世界都是普遍存在的，是表示“不”的一种常见的动作。但在埃塞俄比亚，摇头只是将头突然转向一侧，然后再面向前方。摇头还有以下不同的表达。

①晃动头部

这个动作在保加利亚、巴基斯坦等国家表示“是”的意思，他们只是晃动脑袋，而不是在摇头。

②突然后仰

在意大利南部、土耳其、希腊和阿拉伯语国家，头突然后仰表示“不”，而在埃塞俄比亚这个动作却表示“是”。

（4）轻抚下巴

在意大利南部以及邻近的岛屿，将头向后倾，一只手的指背来回地轻抚下巴，这个动作是非常常见的，它表示“不”的含义。

如果我们能在沟通中恰当地运用手势，不但能够增强语言的表达效果和感染力，能起到良好的沟通作用，还可以增加谈话的个人魅力，从而给听众留下更深刻、更鲜明的印象和记忆。因此，我们要先学会看懂交流过程中的各种手势。

5. 摸耳朵，表示对方对话题很反感

在我们的五官中，耳朵所能表达的身体语言是非常少的，这是因为一般情况下，耳朵本身是不会动的，它要依靠手的动作，才能够表达出它所要表达的意思。

我们在上学时，老师经常教导我们要养成举手发言的习惯，但是随着年龄的增长，我们在与人交谈时，却不愿意再举手发言，因为我们觉得这样做很难为情。所以当我们感觉对方的话题非常乏味、无聊，或者对话题的内容感到反感，想要打断对方的时候，通常会出于本能地举起手，但往往在手伸到一半时就会立刻缩回来，而为了掩饰自己的行为，就会改变成一种扯耳朵或摸耳朵的微妙动作。

所以，当你在与人进行交谈时，如果发现对方有摸耳朵的动作，这很可能就是对方想要打断你的话，对你的话题产生反感的信号。这时，你不妨停止自己的长篇大论，转而让对方开口发言。这样，对方反而会认为你是一个通情达理的人，因为你允许他积极地参与谈话，并且尊重他的感受。

但是，在某些情况下，一些人有了这样的动作，其实并不是想打断你的话或对你的话题产生反感。例如有些人内心焦虑或紧张不安的时候，也会做出摸耳朵的动作，这就如同一些人在心里烦躁不安、紧张焦虑时，鼻尖上会冒出大量细小的汗珠一样，是一种心态的特殊反应。

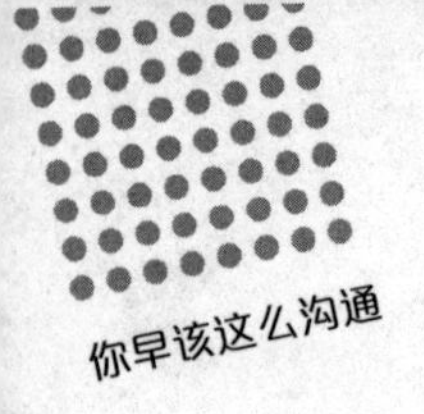

6. 总是说“不过”的人，心中是怎么想的?

有一位朋友，不管别人说什么，他总会用“不过”“但是”等转折词进行反驳。一天，包括那位“不过朋友”在内，好几个朋友聚在一起，大家决定一起去泡温泉。这时，这位朋友的老毛病又犯了，“温泉虽然好，不过……我觉得登山更有利于健康。”其实，当他否定别人的意见时，并不是因为他对发表意见的人有偏见。那么，他为什么要频频否定别人的意见呢?

不管别人说什么，总会用“不过”“但是”等转折词打断别人说话的人，性格中大多带有自我中心主义的色彩。“不过”“但是”一出口，意思就是不想接受对方的意见。常用这些转折词的人，是一种攻击性的无意识表现。他们在语言上不愿输给别人，处处都想占上风。另一方面，这样的人还多具有难以独立做出决定的优柔寡断的性格。即使对别人的意见进行反驳，他们也很难在短时间内得出最终结论。于是，会用“不过”“但是”来打断别人的话，与此同时整理自己的思绪，给自己留一些思考的时间。

另外，还有的人和别人谈话时，频繁使用“不过”“但是”等否定性的转折词，故意装出一副优柔寡断、难以抉择的样子。实际上，这也许只是一种社交手段。他们想用这种打断、反驳别人的形式来引起别人的注意。

我们说话的时候，如果总是被打断，不管他们是什么用意，总会让我们感到烦恼。对于这种人，你可以追问他的具体意见，例如：“那你觉得该怎么办呢？”

第七章

如何把话说到对方的心坎里

在和别人聊天中，准确掌握对方的心理状态比什么都重要，因为这决定着你的话能否说到对方的心坎里。

1. 话题如何出卖一个人的内心?

在和别人聊天中，准确掌握对方的心理状态比什么都重要，因为这决定着你的话能否说到对方的心坎里。不管对方是愤怒、悲伤还是愉快，毫不在意对方的状态，只顾着和对方搭话，想来这样的人是不会受欢迎的。

想把话说到对方的心坎里，就要了解他的内心所想，这是基础中的基础。但是，一个不争的事实是，很多人都难以完成这项基础内容。你身边一定也有这样的人，他们不理解对方的心理状态，因不懂得察言观色而遭到批评。下面给大家介绍一条读懂对方心情的准则：主动谈及私人话题的人，正处于幸福的心理状态中。

谈论诸如“我小的时候啊……”“我在家里总是……”等私人话题的人，不会对你抱有警惕心理。正因为对你不设防，他们才会聊些私人的事情。

为什么说谈论私人话题的人正处于幸福的心理状态中呢?

新南威尔士大学的心理学者周瑟夫·佛格斯博士，以72名大学生为研究对象进行了调查。他让这72人全情投入到喜剧或悲剧电影的观看中，调查他们在观看影片后的第一时间会和熟人聊些什么。结果显示，因观看喜剧电影而心情愉快的学生们多会聊起金钱、健康、性等私人性的话题。

概言之，人在心情愉悦的时候会想要聊一些私人话题，有向他人敞开心扉的倾向。因此，那些愿意和你谈论私人话题的人，往往处在幸福的心理状态中，并且对你不设防。

2.“告诉你个秘密”所隐含的心理技巧

有位朋友，无论和我说什么事情，总会故作神秘地用“告诉你个秘密”开场。虽然他说的“秘密”通常不是什么机密的事，但每次听到他这么一说，我都有一种感觉：我是他特别重要的朋友，他非常信任我。因此我也非常开心，喜欢和他说话。

不管谁听到对方对自己说“告诉你个秘密”，心中都会兴奋起来。因为对方要跟自己分享一个秘密，所以会产生非常强烈的好奇心。仅凭这一句话，就可以让后面的话价值陡增。听的一方，对后面的话充满了高度的期待，无不附耳躬身认真去听，甚至连说话的声音都会故意压低。

其实，这句话中含有“我信任你才告诉你”“因为你对我来说特别重要，所以才告诉你一个人”等意味。人对“特别”“限定”非常没有抵抗力，当受到特殊对待时，自尊心会得到极大满足，因此心情也会大好。进而，对于特殊对待自己的人，我们也会对其产生好感。

所以，经常用“告诉你个秘密”作为开场的人，很有可能是了解这句话的心理效果，专门用这句魔力话语来抓住别人的心。不管怎样，常说“告诉你个秘密”的人，就是想吸引对方的注意。

“告诉你个秘密”还有另外一个意思：“我把重要的信息都告诉你了，接下来该轮到你了”，也算是一种抛砖引玉的手段。

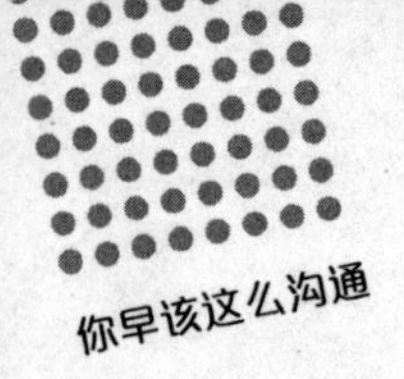

3. 找个人替你说“不”，不伤大家感情

有时候，利用第三者出面来做工作，比当事人自己出面做工作更有说服力，运用第三者出面化解矛盾，或者解决问题，既能现身说话，又能以局外人、旁观者的身份“貌似公允”地做工作。借他人的口，说自己的话，这也是化解尴尬的重要技巧。

孙犁在《荷花淀》中曾有过这样的描写：

“女人们到底有些藕断丝连。过了两天，四个青年妇女聚在水生家里来，大家商量：

‘听说他们还在这里没走。我不拖尾巴，可是忘下了一件衣裳。’

‘我有句要紧的话得和他说说。’

‘我本来不想去，可是俺婆婆非叫我再去看看他，有什么看头啊！’”

这几个青年妇女的丈夫都参军走了，她们的共同心理是很想念自己的丈夫，都很想去驻地探望一下。但是，由于害羞，不好当着众人直接说出来，就各找了一个借口来表达本意，仿佛到驻地去的理由是充分的，非去不可。这就委婉地说出了自己的意愿。

从前社会上有一种人，叫“媒婆”，专门从事介绍男女相识、牵线搭桥的行当。那时候男女授受不亲，结婚前不能恋爱约会，有什么要求和愿望全靠她来传递。由此可以想象这项工作何等之难！如果不会察言观色，没有一副伶牙俐齿，没有一套过硬的交际本事，恐怕是难以胜任的。如果你在求人时，能够找到这样一位人才，让他尽其所能，从中撮合，传递信息，论理说

情，真是再好不过了。

尴尬，有时是相对的，而不是相互的。同一句话，己方难以出口，由对方先开口，说出来却是顺理成章，再自然不过。这时诱导对方先开口无疑是上上之策。

王某准备借助于好友赵某的路子做笔生意，可就在他将一笔巨款交给赵某的第二天，赵某暴病身亡。王某立刻陷入了两难境地：若开口追款，太刺激赵某的夫人；若不提此事，自己的局面又难以支撑。

帮忙料理完赵某的后事，王某是这样对赵夫人说的："真没想到赵哥走得这么早，我们的合作才开始呢。这样吧嫂子，赵哥的那些关系户你也认识，你就出面把这笔生意继续做下去吧！需要我跑腿的时候尽管说，吃苦花力气的事情我不怕。你看困难大吗？要干的话，早一天好一天。"他看起来丝毫没有追款的意思，反而豪气冲天，义气感人。其实他明知赵妻没有能力也没有心思干下去。

结果呢？赵妻反过来安慰他道："这次出事让你生意上受损失了，我也没法干下去，你还是把钱拿回去再找机会吧。"

某人为了推销百叶窗帘，他知道某公司的经理与某局长是老相识，便打听到经理的住处，提着一袋水果前往拜访，彼此寒暄后，他说出了几句这样的话："这次能找到你的门，是得到了王局长的介绍，他还请我替他向您问好……""说实在的，第一次见面就使我十分高兴……听王局长说，你们的公司没有装百叶窗帘……"第二天，百叶窗帘的生意便成交了。

此人高明之处就是有意撇开自己，用"得到了王局长的介绍"这种"借人口中言，传我心腹事"的迂回之法，令对方很快就接受了。

另外，不想或不便直接面对的人，巧借第三者从中周旋，穿针引线，便可化解矛盾；难堪的事巧借第三者一打扮，就变得不再尴尬；有风险的话，通过别人传过去，便有了进退的余地。所以，借用第三者往往比本人直接出面有更好的效果。

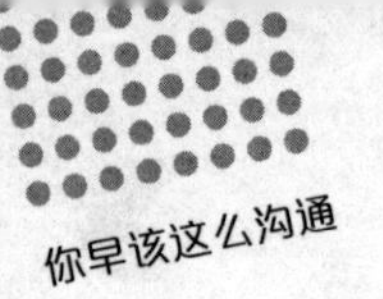

4. 多说“我们”少说“我”，称谓助你拉近关系

在人际交往中，“我”字讲得太多并过分强调，会给人留下突出自我、标榜自我的印象，这会在对方与你之间筑起一道防线，形成障碍，影响别人对你的认同。

因此，会说话的人，在语言传播中，总会避开“我”字，而用“我们”开头。

俄国十月革命刚刚胜利的时候，许多农民怀着对沙皇的刻骨仇恨，坚决要求烧掉沙皇住过的宫殿，尽管别人做了许多思想工作，农民依然态度坚决，表示非烧不可。最后，列宁亲自出面说服他们。

列宁对农民说：“烧房子可以。在烧房子之前，我们大家一起来思考几个问题可以不可以？”

“当然可以。”大家答道。

列宁问道：“沙皇住的房子是谁造的？”

农民说：“是我们造的。”

列宁又问：“我们自己造的房子，不让沙皇住，让我们自己的代表住好不好？”

农民齐声回答：“好！”

列宁再问：“那么这房子我们还要不要烧呢？”

农民觉得列宁讲得很对，便马上同意不烧房子了。

有人曾经做过调查，看看人们每天最常用的是哪一个字，结果是“我”

字。为什么人们对“我”字特别青睐呢？那是因为大多数人都喜欢被人称赞，也喜爱称赞自己。因此，你若想得到你所希望得到的，就要避免与对方争高低，要维护他人的自尊心。为了使对方的面子不受伤害，我们千万不要常把“我”字挂在嘴上。

如果你在说话中，不管听者的情绪或反应如何，只是一个劲地提到“我如何如何”，那么必然会引起对方的反感。如果改变一下，把“我”改为“我们”，这对你并不会有任何损失，只会获得对方的好感，使你同别人的友谊进一步地加深。

我们经常看到记者这样采访：“请问我们这项工作……”“请问我们厂……”，也经常发现演讲者喜爱使用“我们是否应该这样”“让我们……”等表达方式。这样说话能使对方觉得和你的距离在拉近，听来和缓、亲切。因为“我们”这个词，也就是要表现“你也参与其中”的意思，所以会令对方心中产生一种参与意识。

如果说成“你们必须深入了解这个问题”，便拉开了听众与演讲者的距离，使听众无法与你产生共鸣。如果改为“我们最好再做更深一层的讨论”就会缩短与听众之间的距离，使气氛立刻活跃起来。

竭力忘记你自己，不要总是谈你个人的事情，人人喜欢的是自己最熟知的事情，那么，在交际上你就可以明白别人的弱点，而尽量去引导别人说他自己的事情，这是使对方高兴的最好的方法。你以充满热诚和理解的心去听他叙述，一定会给对方留下最佳的印象，并且对方会热情欢迎你，热情接待你。

5. 批评之前先夸奖，让对方更容易听进去

在某公司办公室里，有一位女打字员打字总是不注意标点符号，频频出错，办公室主任对此很恼火，批评了好几次仍然不起作用。有一天，主任终于想出了一条妙计，他对打字员说："你今天穿了这样一套衣服，很漂亮，更突出了你的美丽大方。"打字员听后受宠若惊，于是主任接着说，"尤其是那一排纽扣，点缀得恰到好处。所以，我想告诉你，文章中的标点符号，也如同衣服上的纽扣一样，注意了它的作用，文章才会更加好看、意思清楚。"从此，那位女打字员改正了这一"久治不愈"的顽症。

美国著名演讲家戴尔·卡耐基曾说："当我们听到别人对我们的某些长处表示赞赏之后，再听到他的批评，心理往往会好受得多。"因为当我们受到别人赞赏的时候，会产生一种积极、愉悦的情绪，在此心理状态下，再听到别人的批评或规劝，就比较容易接受。就像一枚苦味药丸，裹上糖衣后，使人先感受到甜味，愿意一口吞下去，这样一来苦口的良药更容易被患者接受，得以发挥药效，治愈"疾病"。

每一个人都有自己的优点和缺点，如果我们只是一味地批评，在某种程度上讲就会放大缺点，使对方觉得自己一无是处。那样的话，既使可以改正的缺点，对方也无法接受了。况且先批评把情绪搞砸了，再真诚的批评也难以接受；先表扬则不然，对方情绪好，善意的批评是可以接受的。所以我们在给人指出缺点和不足时应该怀着善意的心态，当头棒喝固然能够讲清事

实，但要考虑对方能否接受。要运用一定的方式和技巧，最好做到批评之前先表扬。

另外，有一点需要特别注意的是，我们往往在使用这一招的时候会错误地加上两个字。有许多人在真诚的赞美之后，喜欢拐弯抹角地加上“但是”两个字，然后开始一连串的批评。举例来说，有人想改变孩子漫不经心的学习态度，很可能会这样说：“小虎，你这次成绩进步了，我们很高兴。但是，你如果能把数学成绩也提高一下那就更好了。”

在这个例子里，原本受到鼓舞的小虎，在听到“但是”两个字后，很可能会怀疑先前的赞美之辞的真实程度。对他来说，赞美成了引向批评的前奏。如此一来，再多的赞美对小虎的学习态度也不会有什么帮助。

此时我们如果改变一两个字，情况就会大为改观。比方说，我们可以这么说：“小虎，你这次成绩进步了，我们很高兴。而且，如果你在数学方面继续努力下去的话，下次数学一定会跟其他科目考得一样好。”

这样，小虎一定会欣然接受这番赞美了，因为后面没有直接、明显的批评。另一方面，由于我们也间接提醒了应该改进的注意事项，他便懂得该如何改进以达到我们的期望。

另外不得不提的是，有的人认为这种先讲赞扬的话再进行批评的方式，带有“欲擒故纵”的意味，用意过于明显，所以不喜欢用。这种说法也有一定道理，因为当你找到某人就表扬他，他根本听不进你的表扬，他只是想知道，另一棒会在什么时候打下来——表扬之后有什么坏消息降临。所以在更多的时候，许多人把表扬放在批评之后，即先贬后褒的批评法，先在个别问题上给对方以严厉的批评，然后又在主流问题上给对方以充分的赞扬。这种方法同样能使被批评者感动，收到与先褒后贬一样好的效果。

6. 含糊其辞，用模糊语言应对尖锐的话语

1984年，时任美国总统里根在访问我国期间，曾去上海复旦大学与学生见面，有一名学生问里根："您在大学读书期间，是否期望有一天成为美国总统？"

里根显然没有料到学生会提这样的问题，但这位政治家颇能随机应变，只见他神态自若地答道："我学的是经济学，我也是个球迷，可是我毕业时，美国的大学生有1/4要失业，所以我只想先有个工作，于是当了体育新闻广播员，后来又在好莱坞当了演员，这是50年前的事了。但是，我今天能当上美国总统，我认为早先学的专业帮了我的忙，体育锻炼帮了我的忙，当然，一个演员的素质也帮了我的忙。"

里根的回答避开了问题的实质，但又围绕提问而展开，较好地应对了学生提出的难题。

有些时候，不是我们不愿意回答，而是问题确实不好回答，这时不妨给出一些含糊的回答，模棱两可，让对方去揣测。

一次舞会上，一位胖女孩问身边的舞伴："你觉得我胖吗？"这种情况下，简单地回答"胖"与"不胖"都不合适。于是，这位舞伴回答说："我觉得你挺可爱的。"

至于对待那些荒唐、强人所难的问题，完全不必硬着头皮去找"正确"答案，巧言以对，将"错"就"错"，也会取得好效果。

与人说话过程中，精确的表达方式虽然简洁明了，但并不适用于所有场

合。有时候，局势不容许把话说得太直白，模糊的说法要强于一板一眼地给出回答。

被誉为“民国第一外交家”的顾维钧在担任驻美公使的时候，有一次受邀去参加一场上流社会的国际舞会。舞会上，与顾维钧共舞的一位在美国很有地位的女士突然问他：“顾先生，请问你是喜欢中国小姐多一些，还是喜欢美国小姐多一些？”

这个问题看似简单，却不好回答，要是回答喜欢中国小姐多一些，肯定会得罪眼前的美国名媛；如果说喜欢美国小姐多一些，又好像有些崇洋媚外，有失作为中国公使的尊严。

此时，顾维钧不慌不忙地回答说：“不论是中国小姐，还是美国小姐，只要是我喜欢的人，我都喜欢。”

这样的回答，既巧妙避过了二选一的锋芒，也不会得罪眼前的人，模糊的答案反而显得更加贴切。

像这样，有时候使用一些模糊性的语言，并不是为了敷衍对方，相反，这是一种很好的交谈策略。因为在很多场合，话是不适合说得太明白的，否则不但会得罪别人，还会把自己逼得没有退路。

1986年的世界杯上，马拉多纳在对战英格兰的时候用手把球攻入了英格兰队的球门，由于他的个子矮小，动作也十分隐蔽，裁判没有发现，所以判此球有效。据说有记者拍下了当时的画面。后来针对这个进球，曾经有记者尖锐地问马拉多纳，当时究竟是头球还是手球。

对此，马拉多纳圆滑地回答道：“手球一半是迪戈的，头球一半是马拉多纳的。”

马拉多纳的这个回答看起来很糊涂，让人摸不着头脑，但仔细推敲就会发现，他的含糊不清恰好是谁都不得罪的。试想，如果他承认了这是一个手球，那就证明了比赛有失公平，虽然结果已无法改变，却会留给别人话柄；如果矢口否认，万一记者拿出照片为证，又失去了球星应有的风范。

马拉多纳说的这“一半一半”，等于承认了有手球的成分，但是在规则

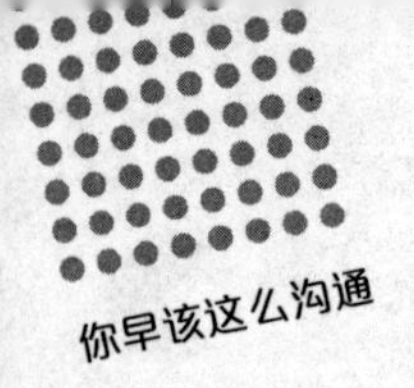

上也肯定了裁判的权威，颇有大将之风。

生活中，我们可能有过这样的经历，当你对别人提出某个要求或问题的时候，对方常常不正面回答你，既不反对也不赞同，而是说出一些让你听起来摸不着头脑，但也不会心生反感的话，最后你发现自己被拒绝了，却也不会生气，反而佩服对方的说话技巧。那么，在自己面对这种尴尬问题，又不想得罪对方的时候，不妨也试试用这种模糊的语言去交谈。

第八章

话语洗脑术——让人无法说“NO”的说服术

投其所好是与人交谈、求人办事的一条极好的捷径。如果你说的话题能引起对方的兴趣，那么接下来的话题便可进一步展开了。相反，如果你反其道行之，你们的谈话就会出现尴尬，甚至招来对方的厌恶。

1. 叫人家去“送死”的说服策略

或许你觉得人人都怕死，要去说服人家“送死”，几乎是不可能的事。然而，却有人只靠一席话就达到了目的。

第二次世界大战期间，美国因为参战而必须动员大批青年服兵役，但多数美国青年过惯了舒适生活，担心自己的生命会骤然消失，于是纷纷抵制美国五角大厦发出的征召令。其中，俄亥俄州的地方行政长官已经是第五次被参谋长联席会议主席训斥得灰头土脸了。

他表示自己已经说得口干舌燥，却仍然无法说服那些懦弱且意见纷杂的青年。正当他焦头烂额之际，有人向他介绍了一位大名鼎鼎的心理学家。这位心理学家经过一番精心准备之后，信心十足地来到募兵现场。当他面对台下东张西望的青年时，先沉默了五分钟，然后用浑厚的男中音开始进行演讲：

“亲爱的孩子们，我和你们一样，特别珍惜自己的生命。”

青年们见他颇有学者风度，说话又切合自己的胃口，便开始安静下来聆听。

“首先我要提醒大家，热爱生命是无罪的，因为，我们每个人都只有一次生命。凭良心说，我同样反对战争、恐惧死亡，如果要求我到前线去，我也会和大家一样想逃避这项命令。

但是，我也存在另外一种侥幸心理：假如我服兵役，可能只有一半的几率会上前线作战，因为也有可能会留在后方；即使上了前线，我作战的可能性同样也只有一半，因为说不定我会成为某长官的左右手而留在安全地区；万一我不幸必须扛起枪，受伤的可能性仍然只有一半；即使不幸挂彩，如只有轻伤也不致受到死神的召唤，因此我实在没有担忧的理由；如果是重伤，或许在医生的帮助下也有可能逃离地狱的鬼门关。

就算真的运气不好，如果我不幸为国捐躯，亲人和朋友也将替我感到骄

傲，我的父母不但会受颁一枚最高勋章，还可得到一笔数量可观的抚恤金和保险金，邻居小孩子们会以我为英雄，把我当成偶像来崇拜。而我，一位伟大的战士也将进入天堂，来到慈祥的天父身边，说不定还会见到万人敬仰的华盛顿将军。”

听完这段演讲，本来极力抗拒上战场的青年们纷纷表示愿意赌一赌，他们或者是想当英雄，或者是有人家境不好，万一出事可领巨额抚恤金。

就这样，心理学家的一席话，攻克了青年们的心理弱点，成功地说服了他们。

实际上，这位心理学家只是发挥他善于操纵别人情感的特长而已。如同催眠师一般，他先瓦解对方坚固的防御心理，进而掌握他们潜意识下的心理需求，然后将他们一步步引入预先布下的网中，最后巧妙地操纵对方情感，使其轻易就范。

如果你在说服别人的过程中，特别坚持自己的主张和观点，试图使自己彻底击溃对方而占得上风，那对方反而会加强防范、顽固对抗，结果就会适得其反。

这时你应该先顺应对方的意思，肯定对方的想法，再有意无意地以伪装过的说法表达自己想说的话，才不会让对方发现你的意图。

一位非常知名的律师替人辩护，由于这宗命案牵涉到许多高层人物，因此还没有正式审理就显得错综复杂。在这种情况下，他如果真替无辜的被害人讨回公道，说不定自己马上会遭到不测，就如俗话所说的：“明枪易躲，暗箭难防。”因此他也是伤透脑筋，但后来他想出了一个自保的策略。

开庭前，这位律师当着新闻记者和旁听席上的观众说了几句话：“如果今天我走出法庭后神秘失踪或被谋杀，请各位从我今天的辩护内容去找出线索。如果我将来受到莫名的陷害或罪名，一定是有人怀恨在心而伺机报复。”

结果，这段暗示性的宣言上了报纸头条，任凭对方多有权有势，也不敢动这位律师的一根毫毛。

这位律师以置之死地而后生的语言技巧，扭转了以后可能对他不利的局面，他同样操纵了对方既想报复又不想被人怀疑的心理，预先将对方的企图当众揭穿，自然也就保障了自己的生命安全。

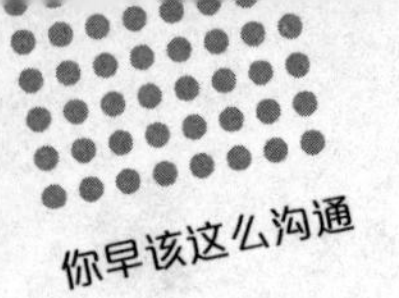

2. 转移话题——避免引爆对方的情绪炸弹

在说服过程中，不但要抓对要点，用对策略，还要小心对方的情绪。毕竟，人是情绪化的动物。情绪，也就代表非理性，面对非理性的回应，你必须懂得用心理学技巧来应对，而不能一直采用理性的策略。

如果你发现对方的情绪有点不稳，或者答非所问或者故意鸡同鸭讲时，你可以暂时抛开主题，姑且提出另一个不同的话题，先缓和情势，别让对方的情绪之火愈烧愈旺，等火势稍减，再找机会切入正题。

这时，在语义学和心理学的理论上，你可以多用一些中性的、比较不刺激的转介词来降低对方的敌意和情绪化反应。例如“话虽如此”“果真如此”“确实如此”等。

举个例子，当你在询问属下工作上的失误时，你说：

“这个案子怎么会变成这样子？里面建档都错得离谱，这到底是怎么回事？”

对方却说：“哎呀！我昨天一整天被品管部的人拼命打电话来问东问西，搞得我头都昏了！业务部的人也说他们的加班时间太长……”

当你遇到这类鸡同鸭讲、答非所问的状况时，最好不要先发脾气，你应该知道对方正陷入情绪化的自责和不安中，这时你再怎么怪他答非所问也是无济于事，此时不如改变原本的说话内容，暂时休战不去逼对方，除了让对方喘口气休息，也让自己冷静想想后续的应对策略。

如果你不去逼对方，甚至沉默以对，对方这个时候反而会觉得不好意

思，过了一会儿，会主动要求和你谈你原先想谈的话题。不过，和沉默比起来，转移话题是比较不容易尴尬的策略，但转移话题如果过于勉强或不自然，也很有可能招致对方的反弹。所以，选择适当的话题也很重要，最好是转移到比较轻松的话题，让现场气氛和对方的情绪放松，才有可能继续对谈下去。在许多谈判和公关高手的心中，最怕的其实是隐藏在对手心中不为人知的情绪炸弹。

而这些看不见的炸弹，是谈判和公关高手无法预知的，即使非常注意对方的言行，也丝毫看不出对方的情绪有问题。

已经有很多案例显示，许多场合眼见谈判就要成功，对方就要屈服或签约，忽然间对方情绪崩溃或爆发，结果反而造成两败俱伤或永远决裂的下场。

因此，情绪是谈判和说服中的不定时炸弹。如果对方有任何举动、表情或言语出现异状，就要先停下来，不要再步步逼近，先稳住他们的情绪，你才会有胜算。然而，如何在谈话中巧妙地转移话题呢?

（1）节外生枝。谈话总是要围绕一个中心内容来谈，如果你对此不感兴趣，或不想多谈，你可采用节外生枝的方法转移活题。如：谈论某个人的是非，可你不想谈，那么你可先听对方说，然后说些和被谈论人无关紧要的事，说自己的事，说说话人的事，说近来发生在身边的有趣的事。

（2）巧转视线。谈话中，眼睛看向窗外，表现出对外面的天气或景物的关注，评论天气的好坏、气候的变化。谈话中，把视线集中在对方的穿着打扮上，夸她的服装有档次、有品位；夸她的肤色青春靓丽，向她讨教护肤的方法，讨教如何购买化妆品等。

（3）先声夺人。未等对方完全挑明话题，你就另立个话题，然后天南海北地说起来，并不时地向对方征求意见，请他发表高见，然后还向他讨教解决问题的方法，让他为自己指点迷津。态度极为诚恳，不给对方喘口气儿再提起之前话题的机会。

3. 投其所好——先和对方站在同一立场

一千多年前的唐朝围棋名手曾创立“围棋十诀”，其中有一诀是“势孤取和”，意思就是当自己势孤力弱，无法和对方抗衡时，最好先和对方和解或先顺着对方的意思，宁可屈身等待时机，也不要正面和对方起冲突。

说话或谈判时也是如此，如果对方的势力比你强，或者情势上不允许你强出头，当对方非常坚持自己的立场时，你最好不要正面反驳，这时，你该意识到，对方是一面墙，是一把剑，你若是正面冲过去，难免受皮肉之伤，甚至造成不可收拾的后果，就是对方拒绝和你再沟通或者彼此形成敌对的状态。

这个时候，你可以运用“投其所好”的策略，先不去否定或反对他的主张，先和他站在同一边，然后再根据他的看法，加上你的建议，这么一来，对方会把剑收回去，把墙挪开。

例如，当对方这样说：

“虽然我们公司很想买升级电脑，但最重要的是费用上的考量。”

你就可以回答：“我了解贵公司有费用上的考量，所以我才会提这样的建议，让贵公司使用升级电脑，不仅处理速度快，又可以搭配更多应用软件，让人事费用和其他业务成本可以大大降低，长期来说，贵公司反而可以省下更多经费。”

结果对方一听到可以省更多费用，很可能立刻答应签约。

这是一个很典型的案例。这个策略主要是让对方出乎意料、意想不到：我们竟然会同意他的看法，而且居然和他站在同一边。如此一来，对方就很难拒绝和你合作，这是很常用的心理战术之一。

同样的攻心策略，也可以运用在公司内部。每个公司多少都会有比较顽固或激进的员工，这时，身为上司的你就可以对下属说：“你的意见我非常赞成，我也愿意支持你去做，但是，只要有任何差错，我这个支持者就会失去舞台，甚至要扛下责任，到时候，恐怕没人敢再支持你了。”

这时候，激进的下属一想到会连累你，就会静下心来反省自己；或者，对自己很有信心的下属，在执行这项你支持他的任务时，会特别小心，以免失去你这个唯一的支持者。

在美国第32任总统罗斯福的传记中，每一个拜访过罗斯福的人都会惊讶他何以全知全能。无论是牧童、农民、劳工，还是政界精英、商业巨子，都能和罗斯福谈得很投机，这其中到底有什么秘诀呢?

其实说起来很简单，罗斯福是一个相当成功的政治家，他深知获取人心的捷径，就是谈论对方以为最值得谈的事。罗斯福无论接见任何人，不管那个人地位的高低，在前一晚肯定要预先阅读对方有兴趣的谈话资料，以便见面时谈论的话题能引起对方的兴趣。因此，所有见过罗斯福的人，无一不对他有好评。

当然，不单是政治人物，就算是推销员，也该知道怎样才能投顾客所好。例如，有位汽车推销员，为了卖出手上的高级进口轿车，专程拜访一位企业家。可是一见面他并不谈买车的事，反而先拿出儿子的集邮册。原来他儿子与企业家的儿子是同班同学，他知道企业家为了替儿子搜集邮票，总是不辞劳苦、乐此不疲。他用这件事当话题，两个人很快就有了共同语言，并且谈得很投机，最后在快要告辞时，稍微提一下车子的事，当然就顺利地卖出去了。

投其所好是与人交谈、求人办事的一条极好的捷径。如果你说的话题能引起对方的兴趣，那么接下来的话题便可进一步展开了。相反，如果你反其道行之，你们的谈话就会出现尴尬，甚至招来对方的厌恶。

两个陌生人初次见面，如果不能善用机会，投其所好地找出话题，必然不能取得沟通的成功。熟人之间，这一点也同样不能忽视。试想，连陌生人交谈都要想尽办法投对方所好，更何况对我们已熟识的朋友或领导，这件事不是更重要吗?

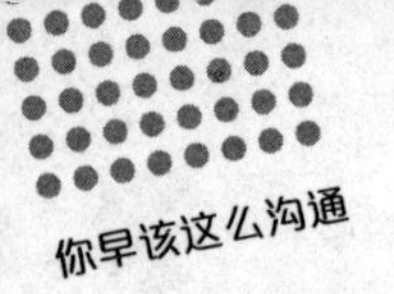

4. 拉近距离的“釜底抽薪”策略

从心理学的观点来看，人与人的心理距离越来越近时，他们的称呼就会由头衔而改为名字或小名。相对的，人与人的距离如不能拉近，或者彼此间存在着隔阂，不仅是商场对手，甚至连父子、母女间存在的代沟或误会，都可以说是人际关系上的障碍，也就是釜底下的“薪”。如果能抽掉这个“薪”——也就是造成隔阂和对立的关键，自然彼此关系便会拉近，许多话对方也就听得进去。

有些人虽然不常和对方见面，但每次打招呼却都能叫出对方的名字，这种策略可以让人产生每天见面或彼此很亲密的错觉。

这就是“釜底抽薪”的策略运用之一，虽然不常见面，或者关系不密切，但一见面就抽掉了造成隔阂的“薪”，彼此就不会生疏。

然而，没有利害关系的双方，固然可以因为一声亲切的称呼而感情热络起来，但有严重冲突的双方，此举反而容易增加彼此的反感。利用语言来俘虏对方，主要靠说话者的智慧和生活经验。除此之外，运用语言技巧也甚为重要。有些人不重视语言的妙处，以致自己失败后还找不到原因。

打个比方，如果你遇上一位不好相处或不易交心的朋友，不妨运用变换称呼的方式来缩短你们之间的距离，而口吻也要自然热情，千万不能油腔滑调，或明显带有戏谑的口气，否则对方会以为你是在装腔作势。若能因此而拉近彼此的距离，则谈话更能触及核心，完成你预期的任务。

一开始或刚见面就直呼小名是使双方关系更进一步的捷径，因为双方感

情上的共同点若得到认可，就会觉得对方原来是一位很可爱的人，沟通起来也就容易得多。

一对新婚夫妇在婚礼上被亲朋好友起哄，要求公开恋爱经过。新娘说：“我们刚认识时，彼此之间并没有很强烈的感觉。但有一次他突然叫了声‘铃儿’，我们的感情从此便发展迅速，最后就嫁给他了……”

语音刚落，便引起人们的阵阵欢笑，有的人甚至拍手叫好。原来男友一直以姓名称呼她，突然间唤她的小名，使她一下子产生一种亲近感，突然发觉他是那么体贴且有亲切感。二人于是难舍难分，终结百年之好。

如果你是上司，面对傲慢又无礼的下属，首先要做的就是浇熄他的嚣张气焰，使他面对现状，然后再语重心长地对他进行劝导、建议，使他认识到自己的错误。

说话虽然有多种技巧，但并非各自独立的，有时可以综合运用。面对视自我利益高于一切的下属，不妨先用抽薪止沸的方法使他从目空一切的状态中冷静下来，对自身有一个清醒的认识，然后再攻入他的心理弱点，让他对你忠心不二。

运用这种方法必须注意：你所要沟通的对象，一定是那种“顽劣不堪”之人，是虽经别人多次劝导仍无济于事的顽固者。面对这种部属消除他的傲慢心理就是“俘虏”他的关键。

约翰是麻省理工学院的高材生，在校期间曾因发表《巨集观控制与微观调节》的论文而闻名全校，他自己也引以为傲，沾沾自喜，从不把别人放在眼里。

毕业后他幸运地被华尔街一家大公司网罗，聘为高级主管。由于他一直心高气傲，很少与同事往来，并且常常批评公司上层管理人员，说那些人只是公司养的宠物，整天除了吃饭睡觉便毫无用处。

最后，公司所有的职员都对他产生厌恶感，这些情况渐渐被公司总经理知道了。这位总经理曾凭着一张能说善道的嘴在华尔街赤手空拳打出一片天下，对语意心理学的研究颇有心得。他听了部下汇报的约翰的情形后，决定

给他一点小小的打击。

有一天，约翰被公司总经理请进办公室，在聊天的过程中，约翰仍然我行我素，时而酸言酸语地指出总经理的一些缺点。

这时，前几分钟还和颜悦色的总经理突然勃然大怒："亲爱的约翰先生，我真的不明白，你的肚子中究竟装了些什么东西，令你走路时昂首挺胸，不可一世。我敢打赌，那里面除了未消化的饭和肮脏的大便外，并没有什么特别的东西！并且，我在这里向你报告一项好消息，一周后你就可以长久休息，你可以整日挺着草包肚子在街上晃荡，如果这一周内你仍然无法弯下腰走路，我想我说的话将成为事实。"

总经理恰到好处地止住了话题，装出余怒未消的样子，看也不看约翰一眼，约翰原本以为总经理让他单独到办公室是要委以重任，不料被总经理劈头盖脸地训斥了一顿，他惊讶得张大嘴巴，刚才的傲气刹那间荡然无存。

约翰很清楚他的尴尬处境，在竞争激烈的美国，失业对每个人而言都是一场噩梦，何况他要有所成就，就得待在华尔街，这里是许多求职者梦寐以求的跳板。

因此，他不得不从此诚心改过。

后来他成为华尔街一位颇有名气的证券投资顾问。

这位总经理所运用的语言技巧正是釜底抽薪术，先将对方有恃无恐的优势一一加以击破，然后语重心长地劝诫对方，使其悔过自新。

釜底抽薪的要点在于从对方的谈话中发现"薪"之所在，然后再果断抽出，使之不再放肆。

5. 用数字说话，让对方信服

拿破仑有一次检阅军队，按照惯例，指挥官跑步到拿破仑跟前，以非常清晰的口齿报告：“报告将军，本部已经全部集合完毕。本部官兵应到3444人，实到3438人。请您检阅。”

拿破仑非常满意地点点头，说：“很好！”回头对他的参谋说：“记住这位指挥官的名字，数字记得那么准确的人应该受到重用。你们以后也得向他学习，给我汇报时尽量用精确的数字说话。不要用‘大概’‘可能’‘也许’‘差不多’这样的话。”

这位博得拿破仑好感的指挥官，干脆利落地说出了部队官兵应到和实到的人数，显得非常专业、细致。在销售中，用数字说话，既显得专业，又能给人以最基本的信任感。

对百分之九十的商务人士而言，不但不需要具备专业的会计知识，连“能够快速心算”或“能够正确计算”等能力都不见得必要。用Excel或是计算器就能瞬间完成的事，不必花太多时间学习。

对在工作上经常被要求做某些决策的人而言，能够把数字当成自己判断事情的基准，或是当成为他人提供情报以及任何可能性的基准，反而更显重要。

实现一个新工作提案时，要自己观察确认这个提案的“可行性”。之后，还必须运用客观的数字或条件来说服决策者。

如果只会说“我觉得这个提案一定可行”，是无法说服别人的。如果能就市场规模或成功案例找出具有说服力的数字，然后进行简洁有力的说明，

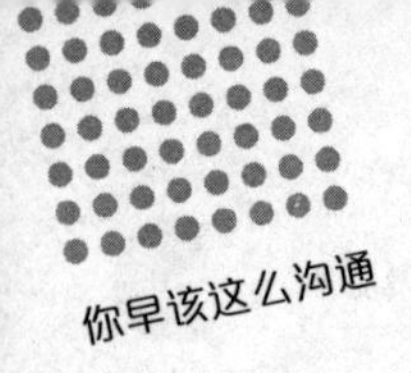

相信必能获得认同。

拥有数字力的人所说的论点都是经过整理的，所以只要一开口，别人立刻就会懂。此外，数字力是不管从事任何工作的人都必须具备的能力，所以拥有数字力的人，便可称为是超越业种、全才型的人才。而且，在国外也一样适用。

我们生活在数字的世界里，每天所见、所闻与所思的一切，几乎没有不涉及数字的。因此，我们也许对数字或多或少地产生麻木或厌烦的感觉。其实，这样的感觉是很自然的，因为数字只是代表事实的一种符号，而非事实本身。

在说服他人时运用数字，要掌握以下两个要领：

（1）除非必要，否则不要随便提出数字。你抛出的数字过多，不但会令对方感到纳闷而关闭心扉，而且也会令听众觉得你没人情味，因为你所关心的只是冷冰冰的数字。

（2）要设法为枯燥的数字注入生命，即要让数字所代表的事实，能成为一般人生活经验中的一部分。只有这样，人们才会对数字感到亲切，并产生兴趣。

举例来说，以下两则用数字说服他人的方法中，第一种的陈述方式若能改为第二种，其影响力将显著增强。

A：“假如各位接纳我的提议，则公司每个月至少能节省67453.75元的开支。”

B：“假如各位接纳我的提议，则公司每个月至少能节省67453.75元的开支。从另一个角度来说，倘若这项节省下来的开支，能以加薪的方式平均分配给公司的每一位成员，则每人每月的工资将增加3500元。”

6. 站在对方立场上说话，是说服对方的最好方法

有一个犯人被单独监禁在一间监狱中。有关当局已经拿走了他的鞋带和腰带，他们不想让他伤害自己，他们要留着他，以备后用。这个不幸的人用左手提着裤子，在单人牢房里无精打采地走来走去。他之所以提着裤子，不仅是因为他失去了腰带，还因为他减少了15磅的体重——从铁门下面塞进来的食物都是些残羹剩饭，他拒绝吃。但是现在，当他用手摸着自己的肋骨时，他嗅到了一种万宝路香烟的香味。他非常喜欢万宝路这种香烟。

通过门上一个很小的窗口，他看到门廊处站着一个神情落寞的卫兵，他深深地吸了一口烟，然后美滋滋地吐了出来。这个囚犯很想要一支香烟，所以，他用他的右手指关节客气地敲了敲门。

卫兵慢慢地走过来，傲慢地哼道：“想要什么？”

囚犯回答说：“对不起，请给我一支烟……就是你抽的那种万宝路。”

卫兵可不认为囚犯有这样的权利，他不以为然地冷哼一声，转身走开了。

这个囚犯却不这么看待自己的处境，他认为自己有选择权，愿意冒险检验一下自己的判断，所以他又用右手指关节敲了敲门。这一次，他的神情俨然变得十分郑重。

只见那个卫兵吐出一口烟雾，恼怒地扭过了头，问道：“你又想要什么？”囚犯回答道：“对不起，请你在30秒之内把你的烟给我一支。否则，

我就用头撞这混凝土墙，直到弄得自己血肉模糊，失去知觉为止。如果监狱当局把我从地板上弄起来，让我醒过来，我就发誓说这是你干的。当然，他们决不会相信我。但是，想一想你必须出席每一次听证会，你必须向听证委员会的每一位成员证明你自己是无辜的；想一想你必须填写一式三份的报告；想一想你将卷入的事件吧！所有这些都只是因为你拒绝给我一支劣质的万宝路烟，就一支烟，我保证不再给你添麻烦了。”

那么，故事的结局，卫兵会从小窗里塞给他一支烟吗？当然给了。他会替囚犯点上烟吗？当然点上了。为什么呢？因为这个卫兵马上想明白了事情的轻重利弊。

正因为这个囚犯洞悉了士兵的立场和弱点，因此达成了自己的目的——获得一支香烟。

站在对方的立场去思考问题，你会发现，你很容易明白他的所思所想、喜好禁忌，在各种交往中，你就可以从容应对。既可以伸出理解的援手，也能防范对方的恶招。一旦知道对方出什么招，基本上就胜券在握了。

生意场中，站在对方的立场看问题，也常常是出奇制胜的杀手锏。它往往能让对方在不知不觉中，走进你的“圈套”。

日本人在洞察对方立场方面向来非常精明，20世纪七八十年代，日本人能成功地打入美国市场，“站在对方立场看问题”这一点功不可没。

一家美国公司的主管去日本跟一家公司谈判，他拟定的行程为14天。当他下飞机时，他发现在弦梯底部，两位日本绅士正彬彬有礼地躬身等候他。

这两位日本人帮他过海关，然后引他乘上一辆高级轿车。美国人舒服地靠在轿车后排的靠垫上，而日本人则板板正正地坐在前面。美国人有些好奇地问：“你们为什么不和我一起坐呢？这里很宽敞。”日本人回答说：“哦，不用了，您是贵客，您需要休息。”美国人听了很高兴。

轿车行驶途中，一个日本人问：“您什么时候回国呢？告诉我们时间，到时我们可以安排送您去机场。”

美国人觉得日本人考虑得很周到，就高兴地告诉他们，他打算14天后回国。

接下来的几天，日本人并没有立刻和美国人谈生意，而是安排了一系列游览、观光活动，13天时间一晃就过去了。这时，他们才开始谈判，可美国人的返程日期已经到了，面对日方毕恭毕敬递来的资料，为免无功而返，他只好匆匆浏览了一下就有些沮丧地签约了。日本人如愿达成了预期目的。

在这次谈判中，为什么美国人会就范呢？因为日本人摸透了美国人的心理，他们站在美国人的立场上，正确地估计到美国人不会情愿空手而归，所以采用拖延战术。最终，他们赢得了谈判。

在对方的立场看问题，就是孙子兵法中“知己知彼，百战不殆”的现代运用。在人际交往中，站在对方的立场看问题，有助于我们“知彼”，也大大有益于我们“知己”，从而更有助于我们社交成功。

在公司的所有员工中，经理最喜欢助理夏杨，因为夏杨是个很懂得体贴别人的有心人，总能让人如沐春风，感受到温暖。比如，他发现经理因担心睡过头，中午午睡时总睡不踏实，就打算送经理一个小闹钟，好按时叫醒她，让她不用担心时间，但又怕表针走动时的“咔哒”声影响经理休息，所以他最终买了一个小定时器。

会体贴人的人大家都喜欢，不过仔细想想，体贴人不就是站在对方的立场上帮助对方吗？

当然，还是有很多人不懂得如何去运用这些规则，导致他们的社交一塌糊涂。也许他们压根都不知道，由于不懂得站在对方的立场考虑问题，所以丧失了许多潜在的成功机会。

所以，哪怕在和别人发生争执时，也要换个角度，站在对方的立场上为别人想想，体会一下别人的处境和心理。这样才能以更妥当、更富有人情味的方法解决问题。

7. 从对方的弱点入手，“对症下药”最有效

每个人都有弱点，而且弱点是最容易被攻击的地方，所以很多人都小心地隐藏起自己的弱点，防止授人以柄。但换个角度来说，如果你想要说服或者战胜对方，先找到对方的弱点，你就占据了先发制人的优势。想要洞悉人性，首先必须做到的，就是看到别人隐藏起来的弱点。

楚庄王是春秋五霸之一，他在战场上是十分威猛的人，可是得到中原霸主的地位之后，就开始自大起来，渐渐沉溺于酒色之中，再也没有当年谋划宏图大业时的那种进取和奋斗的精神了。

楚庄王身边有一个侍臣叫优孟，此人跟随楚庄王的时间很长，非常了解楚庄王的性格和软肋，在关键时刻发挥了意想不到的作用。

有一天，楚庄王得到了一匹体形高大、毛色光鲜的汗血宝马，此马可日行千里，夜行八百，深得楚庄王的喜欢。从此以后，楚庄王便一门心思扑在了这匹马身上，不理政事，甚至把马当成了自己的姬妾般宠爱，将其养在宫中，每日喂以上好的饲料。

可惜没多久，这匹马就由于吃得太好、严重缺乏运动而得肥胖症死了。楚庄王非常伤心，为了表达对爱马的深情厚谊，他决定要为这匹马发丧，以大夫之礼厚葬。

这简直就是一件荒唐至极的事情！群臣听说后无不痛心疾首，哀叹自己的国君真是中邪了，对待一匹马的礼遇竟然高过了人，这对大家来说都是尊严扫地的事情。于是，群臣纷纷反对，一些忠直之士甚至以死相谏。

可是，楚庄王所有心思都扑在死去的爱马身上，臣子们越是反对，他就越是固执己见。

就在局面愈发不可收拾的时候，突然从大殿外面传来了悲痛的嚎啕之声，这可吓了众人一跳。楚庄王问左右的侍从：“是谁在外面大哭啊？”

侍从出去看了看，回话说：“是侍臣优孟。”

于是楚庄王将优孟传进殿内，问优孟：“你怎么了？在外面哭得那么伤心。”优孟哽咽不止，边擦眼泪，边说道：“大王心爱的马死了，我比大王还要伤心。我们堂堂楚国是一个很大的国家，没有什么事情是办不到的，也没有什么东西是得不到的。大王想要将心爱的马风风光光地下葬，并且要以大夫之礼厚葬，这根本没什么过分的。照我看，这样的规格还是低了一些，那可是大王最爱的汗血宝马呀。”

优孟停顿了一下，接着说：“臣请大王把这匹宝马以国君之礼厚葬，赐给它玉雕棺材，还要让全国的老百姓都来这里，在宝马的墓前扶土掩埋。此外，还要通知邻国前来吊唁，这也好让全天下的人知道大王您爱马比爱人还要情深，这不是最好的办法吗？”

优孟的话音刚落，群臣一片哗然，楚庄王已经够荒唐的了，这优孟还来瞎掺和。一时间，大家都纷纷指责起优孟来。

只有楚庄王默不做声，优孟话里有话，他听得很明白。过了一会儿，他轻声说：“我要以大夫之礼葬马确实有些不合适，但是作为一国之君，我的话既然已经说出了，怎么有反悔之理呢？”

优孟不失时机地答道：“臣请大王将马交给厨师，用大鼎烹饪，分给群臣饱餐，让大家永远记得大王的宝马。然后把马骨头以六畜之礼下葬，这样它在九泉之下也会安心的。”

就这样，优孟先发制人地阻止了楚庄王的荒唐行为。可是为什么在群臣中最后只有优孟能够劝服楚庄王呢？

优孟服侍楚庄王多年，非常了解楚庄王的脾气秉性，他知道楚庄王是个爱面子且刚愎自用的人，当楚庄王心中已经做出决定的时候，是根本听不进

任何反对的声音的，所以这件事情就不能再大喊“大王，这样使不得”之类的话了。不如先顺着他的意思来，不但要顺，还要将这个事情抬到一定的高度，让楚庄王自己都觉得这么做简直就是太荒谬了，于是自己改变了主意。

优孟太了解楚庄王的弱点了，这就是他成功的原因。

第九章

听话是技术活，最会说话的人就是最会听话的人

在任何地方和任何场合，最好能少说多听。若是到了需要发表看法的时候，那你说话的内容和意义、选用的辞藻句式、说话时伴随的身体语言甚至是说话的声音，都不可不加以注意。在什么场合该说什么话，用什么方式说，都不可小觑。

1. 人为什么有两只耳朵，却只有一张嘴?

古时候，曾经有个小国使臣到中国来，进贡了三个雕工精细、一模一样的金人，同时出了一道问题：这三个金人哪个最有价值?

皇帝想了很多办法，请来珠宝匠量尺寸、称重量、看做工，结果都是一模一样的。这可怎么办？使者还等着回去汇报呢。泱泱大国，若连这点小事都解决不了岂不贻笑大方？正当皇帝和文武百官都束手无策之时，一位已告老还乡的大臣突然前来，说自己有办法。

皇帝将使臣请到大殿，只见大臣胸有成竹地拿出三根稻草，分别插入三个金人的耳朵里。插入第一个金人的耳朵里的稻草从另一边耳朵出来了；第二个金人的稻草从嘴巴里直接掉了出来；而第三个金人，稻草进去后掉进了肚子，什么响动也没有。大臣说："第三个金人最有价值!"见谜底竟被揭晓，使者只得甘拜下风。

这个故事告诉我们：最有价值的人，不一定是最能说的人，而是肚子里能装东西的人。古希腊哲学家芝诺曾说过："我们有两只耳朵，但只有一张嘴，所以应当多听少说。"这也告诉了我们，要多倾听，而少说话，擅长倾听也是对谈话者的尊重和本身涵养的一种表现。

被称为"科学和哲学之祖"的古希腊著名科学家、哲学家泰勒斯说过："多言不表明有才智。"多听还须善听。对智者来说，听只是思的一种方法，须听书中的先贤之言，拷问自己的灵魂，静听自然的天籁之音，倾听世

间的无忌童言。倾听，是对谈话对方的尊重。

听人说话的时候，态度要认真，表情和坐姿也要端正。特别是倾听领导、长辈、客户、异性说话时，切不可心不在焉、东张西望，更不能翻东西、打手机、看短信或抓耳挠腮。如果你正有求于人，就会因为自己的上述举动带来负面影响。

对方说的话，如果你没有异议，要给予适当的回应。假如有一位美丽的姑娘认真地倾听你的谈话，并且给予你肯定的回应，如“是的”“没错儿”“太对了”等，你内心的兴奋程度恐怕不亚于姑娘请你吃饭吧。记得某天，我去亲戚家串门，见到老夫妇俩正在吵架。问原因，老头气哼哼地说：“我跟她说话，她眼睛一直看着窗外，连‘嗯’一声都没有，敢情我说了半天都白说了！”问老太太，她却说：“他唠唠叨叨，我听着烦！”

倾听，是学习和吸收的过程。

“三人行，必有我师”，即使你是个大学教授，也会有知识的死角。永远不要小看别人，一些素昧平生的人可能正巧具备我们所不具备的知识。和菜市场的小贩交谈，他会告诉你什么样的青萝卜好吃，哪种茄子适合炖菜；和汽车司机交谈，他会告诉你节油的窍门和一些保养汽车的常识；和医生交谈，他会告诉你养生的科学、吃药的禁忌；和公务员交谈，他会告诉你办事的程序。

遍地都是知识，人人皆可成为我们的老师。每个人的学识都是有限的，而且很多知识也无法从书本上学到。谈话的过程是吸收知识的过程，也是促进我们成长的过程。

倾听，是表态和动作的前提。

老板交代工作，你没有听清，你敢回复吗？上级下达指令，你没有听清，你敢着手去做吗？电影中，部队首长下达命令后，通讯员为什么要重复一遍？就是怕听错。因为一旦听错就有可能付出惨重的代价！

社会交往中，谈话是交际最普遍的工具。不注意倾听，就不容易沟通，发生误解，就会给工作造成损失。如果你确实没有听清对方的表述，不妨礼

貌地问问对方："您的意思是不是……？"以便让对方重复一遍，避免理解上产生严重分歧。

倾听，是交友和示爱的重要手段。

"小小子儿，坐门墩儿。哭着叫着要媳妇儿。要媳妇儿干嘛？点灯说话儿……"正如这首已流传上百年的童谣中唱的那般，生活，就要"说话"，而说话总是需要有人倾听的。

与朋友交往，不仅要向对方示好，还要学会倾听对方的烦恼，为他排解和分担忧愁。没有倾听哪来的理解？没有理解哪来的心意相通？爱情也是同样的道理，喜欢一个人不能光在嘴上说说，如果连对方的话都听不进去，爱在哪里？以前有个姑娘跟一位小伙子相亲，俩人初次见面，姑娘说了很多自己单位的事情，小伙子听着总是心不在焉，后来居然问姑娘："你在哪里工作？"姑娘生气了，因为她发现小伙子根本没有注意听自己说话。

钟子期倾听俞伯牙的琴声，成了千古知音；刘邦倾听张良的谋略，成就了汉朝大业；刘备倾听诸葛亮的建议，有了后来的"三分天下"。我们当不了皇上，也未必成为谁的知音，但为了社会交往的融洽和谐，为了做个受欢迎的人，就应该学会倾听。

2. 打断别人说话易引起抵触情绪

有一个老板正与几个客户谈生意，正谈到水到渠成的时候，老板的一位朋友来了。这位朋友突然插话，说：“哇，我刚才在大街上看了一个大热闹……”接着就开始眉飞色舞地讲了起来。老板示意他不要说，但他却自顾自地说得津津有味。客户见谈生意的话题被打断，就对老板说：“你先跟你的朋友谈吧，我们改天再来。”客户说完就走了。

老板的这位朋友乱插话，搅黄了老板的一笔大生意，让老板很是恼火。随便打断别人说话或中途插话，是极不礼貌的行为，但有些人的身上却存在着这样的陋习，结果往往在不经意之间就破坏了自己的人际关系。

英国哲学家培根曾说：“打断别人，乱插嘴的人，甚至比发言者更令人讨厌。”打断别人说话，确实是一种最无礼的行为。

在社交场上，你时常可以看到你的一个朋友和另外一个不认识的人聊得起劲，此时，你可能就会有加入他们谈话中的想法。然而，你并不知道他们的话题是什么，而你的突然加入，可能会令他们觉得不自在，之前的话题也许会因此无法谈下去。更糟的是，也许他们正在进行着一项重大的谈判，却由于你的“闯入”使他们无法再集中思想而无意中失去了这笔交易；或许他们正在热烈讨论，苦苦思索解决一个难题，正当这个关键时刻，也许由于你的插话，令他们突然迸发的灵感骤然消散，使得气氛转为尴尬而无法收拾。此时，大家一定会觉得你没有礼貌，甚至厌恶你，导致你的社交失败。

假设一个人正兴致勃勃地跟周围的人讲述某件事，你却突然插嘴：“喂，这是你在昨天看到的事吧？”说话的那个人因为你打断他说话，绝对不会对你有好感，其他人也很可能不会对你有好感。

许多不懂礼貌的人总是在别人谈着某件事，正说得兴起的时候，冷不丁半路杀进来，让别人猝不及防、应对不暇。这种人可不会预先告诉你，说他要插话了。他插话时有时会不管你说的是什么，硬生生地将话题转移到自己

感兴趣的方面去；有时是把你的结论代为说出，以此得意洋洋地炫耀自己的口才。无论是哪种情况，都会让说话的人产生厌恶之情，因为随便打断别人说话的人根本就不知道尊重别人。

其实，每个人都会有情不自禁地想表达自己想法的愿望，但如果不去了解别人的感受，不分场合与时机，就去打断别人说话或抢接别人的话头，这样不仅会扰乱别人的思路，引起对方的不快，有时甚至还会产生误会。

因此，要获得好人缘，要想让别人喜欢你、接纳你，就必须彻底改掉随便打断别人说话的坏习惯。在别人说话时千万不要插嘴，但如果有必要表明你的意见，非要打断讲话，那么你就必须十分注意自己的插话技巧。

打断别人的谈话，一般有以下三种情况：

（1）当你要找交谈者中的某一人处理事情时，可以先给他一些小动作的暗示，他一般会找机会和你讲话。但要注意的是，你不要静悄悄地站在他们身旁，好像在偷听一样。你可先向他们打个招呼：“很对不起，打断你们一下。”当他们停止交谈时，用尽可能简洁的语言说明来意，一旦事情处理完毕，立即离开现场。

如果你想加入他们的谈话，则可以找个适当的机会，礼貌地说：“对不起，我可以加入你们的谈话吗？”或者，大方客气地打招呼，叫你的同事帮忙互相介绍一下，就能很快打破僵局了。

（2）交谈过程中，如果你想补充另一方的谈话，或者联想到与谈话有关的情况，想立即作点说明，这时，你可以对讲话者说：“我插一句”，或者说：“请允许我补充一点。”然后说出自己的意见。这样的插话不宜过多，以免扰乱对方的思绪，不过适当地进行一点补充说明，是可以活跃谈话气氛的。

（3）如果你不同意对方的看法，一般也不要打断他的谈话。但如果你们比较熟悉，或者问题特别严重，也可以先表明一下态度，待对方说完后再详细阐述。但不管分歧多大，绝不能恶语伤人或出言不逊。即使发生了争吵，也不能斥责、讥讽或辱骂对方，最后还要友好地握手告别。

3. 意见有分歧也不要急于反驳

在社交场合，无论你的知识多么渊博，你的阅历多么丰富，也不要想着借此来压倒别人，否定别人的观点，给人难堪。在别人愿意听你意见的时候，你可以把你所知道的讲出来，给别人做参考。同时，最好声明你所知道的是有限的，如果有错误，希望大家不要客气地加以指正。那么，在听到与自己的观点相反的言论时，应不应该反驳呢？

如果一起谈话的人都很熟悉，而且经常在一起讨论问题，那么，就应该根据自己所知，把自己认为正确的观点如实地讲出来，给大家一个参考。不过在态度上应该谦虚，不要因为自己学识渊博，就显示出自命不凡、自高自大的神态来。

如果一起谈话的人都是初识，你对他们的出身、性格、作风都不清楚，那么对于那些你不同意的意见最好不要反驳，也不必随声附和。如果别人问到你时，你可以推说："关于这个问题，我还没有好好想过。"或者说："XX的话也有他的道理，不过，各人看法不同，仁者见仁，智者见智，不能一概而论。"这样既不赞成也不反对的表达，既不违背自己的内心，也不会得罪初次见面的人。如果对自己明明不同意的意见，还大加赞许，很可能会失去朋友对你的好感与信任。

如果有人在大庭广众之下，发表荒谬至极的言论，或散布对社会有害的谣言，那么就应该及时反驳。但是，在这种场合，应注意说话的技巧，既要一针见血地指出对方的错误，又要以轻松幽默的话语争取大家的认同。切忌

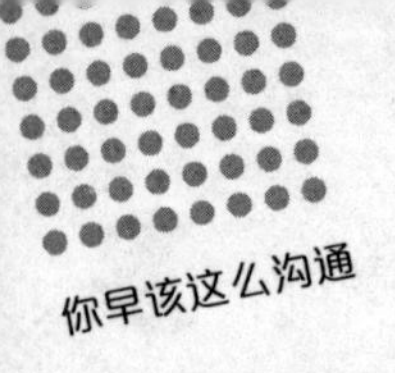

感情用事、口齿不清，否则不但容易把气氛弄得过于紧张，而且妨碍你清楚地表达自己的想法。

如果是自己非常熟悉的朋友，在社交场合说了一些不得体的话，或是发表了错误的言论，那么，就要设法替他解围，想出一些表面上与他的言论不冲突，实则是进行补充说明的话，这样一来，别人会觉得他的意见并非全然没有道理，只是有点偏颇；或者是他的本意原非如此，只是措辞上有一点不妥而已。事后，你可以再单独跟他解释，指出他的错误。

4. 倾听别人说话应注意的礼仪

现代社会中，我们希望人人都能勇于开口，大胆说话。但说话的人总需要有个倾听者，有时做一个有礼貌的倾听者，远比我们做一个倾诉者收获更多。

生活中有许多是非之争恰恰是因为谈话多了，话说得愈多，出毛病的概率也就愈高。教人少说废话多做实事，是古今中外贤者的共识。真正有学问的人大智若愚，不太轻易发表言论；而那些腹中空空、胸无点墨的人却喜欢大吹大擂。所以，我们应记住一条原则：在任何地方和任何场合，最好能少说多听。若是到了需要发表看法的时候，那你说话的内容和意义、选用的辞藻句式、说话时伴随的身体语言甚至是说话的声音，都要加以注意。无论是探讨学问、洽谈生意，还是交际应酬或娱乐消遣，不同场合下我们说出的话，一定要有中心，要具体、生动，要十分精彩。

在类似座谈会的场合中，大家都是踊跃发言，往往会忽视别人话语的意思，并因此产生误会。这样一来，大家各想各的、各说各的，都站在自己的立场随意揣度别人的意见，表面上看起来，大家讨论得十分热烈，事实上意见零散，如同一盘散沙。若是真正有见识的人，会在脑中把众人的论点分析、整理出来，而当座谈会进行过半后，才说出他归纳后的要点，让大家有个一致的方向。然后，在此基础上提出自己的意见，使整个讨论的方向更为明确，这种人才是最会表达的人。

为保证说的每一句话受人重视，不致惹人讨厌，唯一的窍门是少说话，静静地思考，耐心地听别人说话。

做一个耐心的倾听者要注意6点礼仪：

（1）对讲话的人表示赞许。这样做有助于营造良好的交流气氛。对方

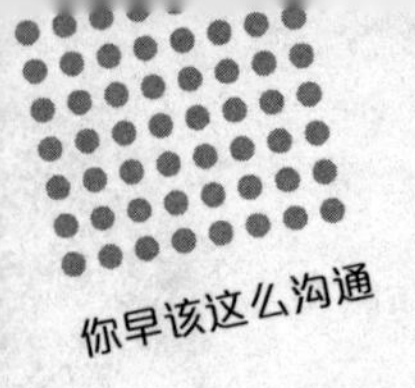

听到你的称赞越多，他就越有自信，从而能够更加准确地表达自己的思想；相反，如果你在倾听的过程中表现出消极态度，就会引起对方的警惕，对你产生不信任感。

（2）全神贯注地积极倾听。你可以这样做：面向说话者，同他保持目光的亲密接触，同时配合标准的身体姿势和手势。无论你是坐着还是站着，都要与对方保持一个对双方最适宜的距离。我们以往的亲身经历告诉我们：人们只愿意与认真倾听自己的发言、举止自然活泼的人交往，而不愿意与推一下转一下的“石磨”打交道。

（3）以相应的行动回答对方的问题。对方和你交谈的目的，可能是想得到某些信息，或者让你做某件事情，或者使你改变观点，等等。这时，你采取适当的行动就是对对方最好的回答方式。

（4）别逃避交谈的责任。作为一个倾听者，不管在什么情况下，如果你不明白对方说出的话是什么意思，你就应该用各种方法使他知道这一点。

比如，你可以向他提出问题，或者积极地表达你所听到的，让对方纠正你听错之处。如果你什么都不说，别人无从得知你是否听懂了。

（5）对对方表示理解。这包括理解对方的语言和情感。有个工作人员这样说：“谢天谢地，我终于把这些信件处理完了！”这就比他简单说一句“我把这些信件处理完了”更富有情感。

（6）要观察对方的表情。交谈很多时候是通过非语言方式进行的，那么，就不仅要听对方的语言，而且要注意对方的表情，比如看对方如何同你保持目光接触、说话的语气及音调和语速等，同时还要注意对方站着或坐着时与你的距离，从中发现对方的言外之意。

另外，在倾听对方说话的同时，还有几个方面需要努力避免：

第一，别提太多的问题。问题提得太多，容易造成对方思维混乱，谈话精力难以集中。

第二，别走神。有的人听别人说话时，习惯考虑与谈话无关的事情，对方的话其实一句也没有听进去，这样做不利于交流。

第三，别匆忙下结论。不少人喜欢对谈话的主题作出判断和评价，表示赞许和反对。这些判断和评价，容易让对方陷入防御状态，造成交际的障碍。

5. 如何在倾听中接他人话茬?

生活当中，接好话茬，是一项重要的与人沟通的能力。当你在听别人说话的时候，如果能够不失时机地接上话茬，不仅能够融入谈话当中，活跃气氛，增进交流，还可以彰显一个人的幽默感和情趣。

那么，如何才能在倾听过程中巧妙地接他人的话茬呢？有以下几种方法：

（1）另设情景接茬。

东方卫视《中国达人秀》节目中，“海派清口”创始人周立波和台湾地区著名音乐才子黄舒骏同台担任评委。在节目现场，当欣赏完一位展示人体旗帜秀的健美教练的精彩表演后，黄舒骏赞不绝口：“你的胸肌太发达了，能够不时地颤抖，不是每个男人都做得到的。”一旁的周立波立马接茬道：“在被电击的情况下我也可以。”惹得哄堂大笑。

黄舒骏赞叹选手的胸肌能颤抖，并特别说明这绝非一般人能做到，可向来机智的周立波善于多向思维，偏偏喜欢求变求异，另外设置了一个情景，拿人遭遇电击颤抖的情景，来进行接茬，制造出了一种意想不到的“笑果”。可谓精妙绝伦、妙趣横生，令人不得不佩服周立波敏捷机智的口才。

（2）转移视线接茬。

有一次，在全国政协委员小组会上，大家都在围绕现代人造景观的问题发表意见，一位女士言辞激烈地发表意见说：“一方面是人造景点的巨大浪

费，一方面是文物保护经费严重不足，人造景点风该刹一刹了！”同是全国政协委员的崔永元接茬说：“与其拿那么多钱搞人造景点，还不如给兵马俑修修腿脚呢!”大家都忍俊不禁。

人造景点的泛滥和巨大浪费，确实让人深恶痛绝。这里，崔永元视角独特，一下子瞄向了“缺胳膊短腿”的兵马俑，不仅话接得巧妙，让人感到用的是地方，用的合分寸，而且意味深长，表达了他重视文物保护、反对人造景观的态度。这远比泛泛而谈有着更为实际而深刻的意义，也更能引起人们的深入思考。

（3）原义引申接茬。

2013年2月2日，周星驰携自己导演的电影《西游·降魔篇》做客腾讯首映礼。现场，大家最关心的问题是他为何只导不演，没想到，星爷“大吐苦水”，原来，为了导好这部戏，他几乎把每场戏都尝试了一遍，给演员做示范。他开玩笑说：“别看我这部戏只导不演，但电影里的每个角色都是我，文章、黄渤、舒淇、周秀娜，他们统统都是‘小周星驰’。”坐在台上的主持人刘仪伟不失时机地接茬道：“怪不得看起来每个演员都有你的个人特色，他们其实都是你拿汗毛一吹变出来的。”全场爆笑不已。

《西游记》中，孙悟空拔一根汗毛轻轻一吹，可以变出很多猴子，同时，周星驰在《月光宝盒》中饰演过转世孙悟空——至尊宝，想必刘仪伟对这些情节记忆犹新。这里，刘仪伟将此引申，形容众多“小周星驰”的诞生，可谓恰如其分、妙趣横生。不仅如此，这一接茬，还巧妙赞扬了周星驰的导演才能，令人回味无穷。

接好话茬不仅有助于增进交流，而且更能彰显你的机智口才。当然，接话茬不仅仅以上的几种方法，大家不妨在实际谈话中灵活地运用接话茬的方法，去更好地接茬搭话吧！

6. 安慰别人，倾听永远比自说自话管用

当你的朋友遇到挫折、渴望找一个发泄情感的对象时，你作为朋友，若能够真诚、耐心地倾听对方的诉说，就是为朋友开了一个情感的发泄口。朋友在向你诉说的过程中，你不仅耐心地倾听，而且时不时地插上一两句富有情感的安慰话，抑或为朋友出出点子、想想法子，朋友的情感就会因此而走出沼泽，他会觉得有你这样可靠的朋友真是莫大的福气。如此一来，你和朋友的情谊必然会益加深厚。

当朋友们遇到挫折和伤心事的时候，我们经常会不知道该如何去安慰和帮助朋友，只能无奈地劝着“别伤心了，不值得”“坚强点儿”之类的话。其实，安慰人也是需要技巧的，只要掌握了技巧，就不需要再担心不会安慰朋友了。

由于生活体验、家庭背景、受教育程度等的不同，每个人对于苦恼的理解也不相同。因此，当你试图去安慰一个人时，首先要理解他的苦恼。

安慰人，听比说重要。一颗沮丧的心需要的是一双温柔聆听的耳朵，而非一颗逻辑敏锐、条理分明的脑袋。聆听是用我们的耳朵和心去听对方的声音，不要追问事情的前因后果，也不要急于做判断，要给对方留出空间，让他能够自由地表达自己的感受。

聆听时，要感同身受，对方会察觉到我们内心的波动。如果我们对他的遭遇能够“悲伤着他的悲伤，幸福着他的幸福”，那么对被安慰者而言，这就是给予他的最好的帮助。

安慰人最大的障碍，常常在于安慰者无法理解、体会、认同当事人所

认为的苦恼。人们容易将苦恼的定义局限在自我所能理解的范围中，一旦超过了这个范围，就是“苦”得没有道理了。由于对他人所讲的“苦”不以为然，安慰者容易在倾听的过程中内心产生抗拒，甚至迫不及待地提出自己的见解。因此，安慰者首先需要放弃自己根深蒂固的观念，摒除自己的偏见，真正站在对方的角度去看他所面临的问题。

心理专家说的“放下自己的世界，去接受别人的世界”，就是这个道理。最好的安慰者，是暂时放下自己，走入对方的内心世界，用他的眼光去看他的遭遇，而不妄加评断。

安慰者常常会感到自己有义务为对方提出解决办法。殊不知，每个被苦恼折磨的人，在寻求安慰之前，几乎都有过一连串不断尝试、不断失败的探寻经历。所以，我们所要做的就是，探索对方走过的路，了解其抗争的经历，让他被倾听、被理解、被认可，并告诉他已经做得够多、够好了，这就是一种安慰。

心理专家提醒安慰者一个重要的观念：“安慰并不等同于治疗。治疗是要使人改变，借改变来断绝苦恼；而安慰则是肯定其苦，不试图做出断其苦恼的尝试。”实际上，在安慰人的过程中，所提供的任何解决方法都很可能会失灵或不适用，令对方再失望一次，故而不加干预、不给见解，倾听、了解并认同其苦恼，方为安慰的最高原则。

另外，陪对方走一程也是一种安慰。对方会在你的陪伴下，觉得安全、温暖，于是倾诉痛苦，诉说他的愤恨、自责、后悔，说出所有想说的话，当他经历完暴风雨之后，内心逐渐平静下来，坦然面对自己的遭遇时，他会真心感谢你的陪伴，也觉得是靠自己的力量走过来的，便会更加自信。

7. 会说话就是该说时说，不该说时沉默

曹操之所以能成就大业，在于他的英明决策，而他的决策来源于听取下属或身边人的意见。曹操每次作战前都让手下人讲各自的主张，他先不说话，只是听着，甚至连头也不点一下或摇一下。曹操讨伐诸多对手、统一北方时，众多幕僚在侧，为其出谋划策。幕僚多是有个性的读书人，他们常常坚持己见，彼此争得面红耳赤。曹操喜欢这种辩论、争吵的场面。“奉天子以令不臣”就是荀彧等幕僚在争执中诞生的。善于倾听，也是曹操成就霸业的基础之一。

曹操是有思想的人，他听意见是为了补充、修改和完善自己的想法与方案。建安十七年，董昭等人建议曹操晋爵位为国公，曹操问荀彧可不可以这样做。荀彧却提出反对意见，他说：“彧以为太祖本兴义兵以匡朝宁国，秉忠贞之诚，守退让之实；君子爱人以德，不宜如此。”荀彧认为曹操应该继续坚守“远虚名”的策略，以退让和至诚为原则，不应该封公建国。曹操笑了笑，没有说什么，就让荀彧离开了。这一次，曹操没有接受他非常信任的荀彧的意见，而是采纳了董昭等人的意见。

曹操能容许周围的人和自己的意见甚至政见相左，因为他清楚自己的能力和目的，不会让不同的意见触怒自己、左右自己，这也是他非凡的容人能力和敢于唯才是举的原因之一。

所以，作为领导，学会在沉默中倾听是必要的，要多听取别人的意见和建议，不要急于和随便发表议论。听不进别人意见的人与口无遮拦的人都不会成为职场的胜利者。

一件事情，参与讨论的人越多，则可能出现的意见也就越多，因为每个人都有自己各自不同的背景，有各自不同的知识储备，形成了各自不同的看问题的角度和方法，也有各自不同的价值观。可以说，这是非常正常的，而一个善待意见的领导，会用心去听每个人的意见，在沉默中分析、权衡、取舍，然后形成自己的总结性的意见。

孔子说："多闻阙疑，慎言其余，则寡尤；多见阙殆，慎行其余，则寡悔。言寡尤，行寡悔，禄在其中矣！"孔子告诉子张，想做一个好干部，要知识渊博，宜多听、多看、多经历，有怀疑或不懂的地方则保留，等着请教他人，讲话要谨慎，不要讲过分的话。这样处世就少后悔，行为上就不会有出差错的地方。为官的道理就在其中了。

倾听是一种态度、一种修养，更是一种责任的体现。作为一个团队的领导，不仅要听上面的指示，还要听身边的建议，更要听群众的意见和呼声。

伏尔泰说："耳朵是通向心灵的道路。"倾听是对他人的一种肯定、一种尊重，可我们的心中往往有太多自以为是的东西，阻碍我们去倾听别人的话。听，需要艺术；听，还是不听，更需要艺术。

沉默并不是"闭耳塞听"，而是以倾听的方式表示对他人的礼貌。美国著名心理学家托马斯·戈登研究发现，按照影响倾听效率的行为特征，倾听可以分为三个层次。一个人从最低层次成为最高层次倾听者的过程，就是其沟通能力、交流效率不断提高的过程。

最低层次：在这个层次上，听者完全没有注意说话人所说的话，假装在听其实却在考虑其他毫无关联的事情，或内心想着如何辩驳。他更感兴趣的不是听，而是说。这种层次上的倾听，会导致关系的破裂、冲突的出现和拙

劣决策的制定。

中间层次：人际沟通实现的关键是对字词意义的理解。在这个层次上，听者主要倾听所说的字词和内容，但很多时候，还是错过了讲话者通过语调、身体姿势、手势、脸部表情和眼神所表达的意思。这将导致误解、错误的举动、时间的浪费和对消极情感的忽略。另外，因为听者是通过点头同意来表示正在倾听，而不用询问问题，所以说话人可能误以为所说的话被完全听懂、理解了。

最高层次：一个优秀倾听者的特征是，可以在说话者的信息中寻找感兴趣的部分。他们认为这是获取新的有用信息的契机。高效率的倾听者清楚自己的个人喜好和态度，能够更好地避免对说话者做出武断的评价或是受过激言语的影响。好的倾听者不急于做出判断，而是与对方感同身受。他们能够设身处地看待事物，更多的是询问而非辩解。

托马斯统计，约有80%的人只能做到低中层次的倾听，高层次的倾听只有20%的人能做到。如何实现高层次的倾听呢？以下是学习高层次倾听的一些方法：

（1）专心：通过非语言行为，如眼睛接触、某个放松的姿势、某种友好的脸部表情和令人愉悦的语调，这将建立一种积极的氛围。如果你表现得留意、专心和放松，对方就会感到受重视和更安全。

（2）对对方的需要表现出兴趣：你只有带着理解和相互尊重进行倾听，才能表现出对对方的需要的兴趣来。

（3）以关心的态度倾听：做一块“共鸣板”，让说话者能够试探你的意见和情感，同时觉得你是以一种非裁决的、非评判的姿态出现的。不要马上就问许多问题，不停地提问将给听者以在受“炙烤”的感觉。

（4）表现得像一面镜子：反馈你认为对方当时正在考虑的内容，总结说话者的内容以确认你是否完全理解了他所说的话。

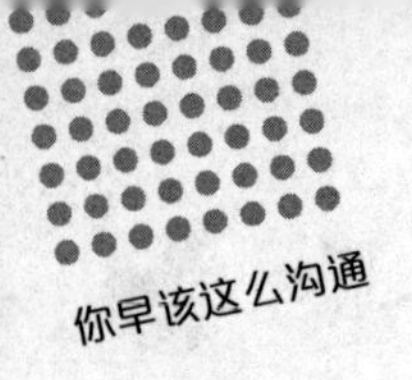

（5）避免先入为主：产生先入为主的思想，主要是因为倾听时掺入了过多的个人态度。过分地以个人态度投入一个问题时，往往容易导致愤怒和受伤的情感，甚至使你过早地下结论，这样会显得武断。

该说话时说话，是一种水平；不该说话时不说话，是一种能力；知道什么时候该说话、什么时候不该说话，是一种智慧。

第十章

幽默沟通学：打造成幽默高手的10个技法

幽默，是社交场合里不可缺少的润滑剂，可以使我们在交往中变得轻松自在、游刃有余，使人际关系更和谐、更自然、更融洽。

1. 幽默高手最常用“搞笑”手法

饭厅内，一个异常谦恭的人胆怯地碰了碰另一个顾客，那人正在穿一件大衣。

“对不起，请问您是不是皮埃尔先生？”

“不，我不是。”那人回答。

“啊，”他舒了一口气，“那我没弄错，我就是他，您穿了他的大衣。”

在公共关系实务中，幽默是一件法宝，是文明人思维活跃的一种标志。恩格斯说：“幽默是有智慧、有素养和有道德优越感的表现。”幽默含蓄有力，能够委婉地化解尴尬。

幽默是一种特殊的情绪表现，它是人们适应环境的工具，是人类面临困境时减轻精神和心理压力的方法之一。俄国文学家契诃夫说过：“不懂得开玩笑的人，是没有希望的人。”可见，生活中的每个人都应当学会幽默。多一点幽默感，少一点气急败坏，少一点偏执极端，少一点你死我活。

幽默，是社交场合里不可缺少的润滑剂，可以使我们在交往中变得轻松自在、游刃有余，使人际关系更和谐、更自然、更融洽。善于理解幽默的人，更容易喜欢别人；善于表达幽默的人，更容易受人喜欢。幽默可以淡化人的消极情绪，消除沮丧与痛苦。具有幽默感的人，生活充满情趣，许多看来令人痛苦烦恼之事，他们却应付得轻松自如。用幽默来处理烦恼与矛盾，会使人感到和谐、愉快。善幽默者离不开“搞笑”。那么，幽默高手们最常

用哪些“搞笑”手法呢？

（1）词句曲解法。

许多词语是多义的，在具体的语言环境中一个词语一般只表示某个特定的意思，如果故意曲解词义，就会形成意思的反差，幽默味儿就出来了。一个句子，往往有多个逻辑重点，说话者和听者理解的重点不同，同样会形成幽默的反差。

甲：为什么公鸡早上要提起一只脚？

乙：因为如果提起两只脚，它就会跌倒！

乙的回答利用了语句的逻辑重点的挪移。甲的问话是要求回答公鸡提脚这一现象，乙却巧妙地将逻辑重点由“提脚”现象转移为“一只脚”，二者之间的不协调就是歧解的结果。

英语老师：把“我哥哥去了学校”改为将来时。

学生：我哥哥的孩子去了学校。

学生令人捧腹的回答就是巧妙地歧解了“将来时”，将它由一种英语时态理解为具体的将来时间，由此引出“哥哥的孩子”，与老师所要求的形成理解上的反差。

（2）反击法。

当对方的话语暗含挑衅、攻击性时，回答者巧妙运用自己所处的优势，或顺手抓住对方语言的漏洞，反戈一击，以毒攻毒的语言张力亦能产生幽默效果。

一个老板让仆人去买酒，却不给钱，他的理由是：“用钱买酒，谁都能办到；如果不花钱买酒，才算有能耐！去吧。”

半个时辰后仆人回来把空瓶交给老板，向老板强调：“从有酒的瓶里喝到酒，谁都办得到；如果能从空瓶里喝到酒，才算能耐。喝吧。”

老板之举，已是刁难，仆人不是笨角，机智地以其人之道还治其人之身，用智慧争锋相对，以毒攻毒。这对老板是一剂辛辣的讽刺，我们在会心一笑中感到痛快。

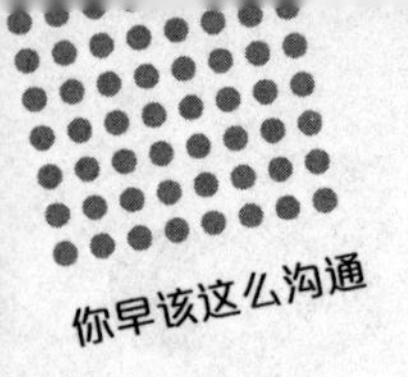

（3）避重就轻法。

答非所问，回避问题的严重性，故意将人引入歧路，一问一答的效果风趣有味。

房客指着屋顶问："这房子经常漏雨吧！"

房东摇着头断然否定："不，瞧你说的！只有在下雨时才漏。"

房东回答时并不针对房子的破败程度，而是轻巧地回答是否"经常"漏雨，转移了话题。一句"只有下雨时才漏"的废话含着几许幽默。

（4）顺势陡转法。

有时双方的对话在平稳、自然的发展中，突然一个急转弯，冒出的对话结果却是出人意料、令人啼笑皆非。

一个富翁碰到正在思考问题的萧伯纳，便心怀恶意地问："你在想什么？"萧伯纳看了看对方，微笑道："不用问，我正在想的东西一钱不值。"富翁来了兴趣，追问道："那你究竟想的是什么东西？""想的正是你。"萧伯纳微笑着答道。

前面的对话如水流淌，自然顺畅，而自然中已被设了埋伏。"想的正是你"，既出人意料，又在意料之中。前面的表面上的顺畅其实是在蓄势，后面陡然一转，讽刺之用心顿时显露出来。像这样，对恶意的讽刺便是会心的幽默。

（5）双关法。

使用双关语言是产生幽默的最常见的方法。所谓双关，也就是你说出的话包含了两层含义：一是这句话本身的含义；另一个是引申的含义，幽默就从这里产生出来。也可说是言在此意在彼，让听者不只从字面上去理解，还能领会言外之意。

利用字的谐音来制造双关的效果，会显得很有幽默感。传说李鸿章有一个远房亲戚，胸无点墨却热衷科举，一心想借李鸿章的关系捞个一官半职。他在考场上打开试卷，顿时傻了眼，竟无法下笔。眼看要交卷了，他灵机一动，在试卷上写下"我乃李鸿章中堂大人的亲妻（戚）"，指望能获主考官

录取。主考官批阅这份考卷时，发现他竟将“戚”错写成“妻”，不禁拈须微笑，提笔在卷上批道：“所以我不敢娶你。”“娶”与“取”同音，主考官针对他的错字，来了个双关的“错批”，既有很强的讽刺意味，又极富幽默感。

（6）反语法。

说出来的话，所表达的意思与字面完全相反，就叫正话反说。如字面上肯定，而意义上否定；或字面上否定，而意义上肯定。这也是产生幽默感的有效方法之一。

德国文学家歌德有一次在公园散步，在一条小道上与一位曾经攻击过他的政客狭路相逢。对方满怀敌意地说：“对于一个傻子，我是从来不让路的。”歌德立即回答：“而我则相反。”说完便马上让到路边去了。

这件事虽然反映了政客的傲慢无礼和歌德的豁达大度，但更重要的是歌德幽默的回答。虽然只有五个字，却反映出了歌德反应的机敏和回敬的巧妙，还给狭路相逢的一对冤家免去了一场僵持不下的冲突，充分显示了歌德的宽宏大量和优雅风度。

幽默的精髓在于超乎常理。俗话说：“理儿不歪，笑话不来。”要使自己的思维超乎常理，其智慧就在于随意应变。这一方面有赖于思维的敏捷度，另一方面，掌握恰当的幽默方式也必不可少。

在运用幽默语言时，还要注意场合和时机，如果在不恰当的时刻、不恰当的地点说出来，就会起到相反的效果。语言要求格调高雅，不可说些恶俗的话题，降低人的品位。若是从事秘书工作的人员则更需要多多磨练自己，创造“办公室幽默”，既可以提高办公效率，又能够促进身心健康。

2. 随机应变，跳出原有的思维模式

杨澜在担任《正大综艺》的节目主持人时，曾被邀请到广州市天河体育中心担任某场晚会的主持人。演出晚会进行到中途时，她在下台阶的时候摔了下来。出现这种情况，确实令人难堪。但杨澜非常沉着地爬了起来，凭着她主持人特有的口才，对台下的观众说："真是人有失足，马有失蹄呀。我刚才的狮子滚绣球的节目滚得还不熟练吧？看来这次演出的台阶不那么好下！但台上的节目会很精彩的，不信，你们瞧瞧他们。"

这段随机应变的自我解嘲式即兴主持非常成功，杨澜不但为自己摆脱了难堪，更显示了她的出色口才，以至她话音刚落，会场就立刻爆发出了热烈的掌声，有的观众还大声说："广州欢迎你！"

在社交中，当你陷入尴尬的境地时，不如跳出原有的思维模式，借助自嘲往往能使你从中体面地脱身。在某俱乐部举行的一次招待会上，服务员倒酒时，不慎将啤酒洒到一位宾客那光亮的秃头上。服务员吓得手足无措，全场人也是目瞪口呆。这位宾客却微笑着说："老弟，你以为这种治疗方法会有效吗？"在场的人闻言大笑，尴尬局面登时被打破了。这位宾客借助自嘲，既展示了自己的大度胸怀，又维护了自我尊严，消除了耻辱感。

由此可见，随机应变，跳出原有的思维模式，适时适度地自嘲，不失为一种良好修养，一种充满魅力的交际技巧。换种思维模式，说出适当的话，不仅能营造宽松和谐的交谈气氛，也能使自己活得轻松洒脱，使人感到你的可爱和人情味，有时还能更有效地维护面子，建立起新的心理平衡。

1988年7月22日，时任日本首相的中曾根康弘在访问莫斯科时，在克里姆林宫同戈尔巴乔夫举行会谈。在交谈中，话题涉及两国谁强谁弱、谁要屈服于谁时，两个国家领导人互不相让，争论很激烈。

戈尔巴乔夫用拳头将桌子敲得砰砰作响，气愤地声称："据说，在日本居然有人说什么'今后只要日本持续不断地增强经济力量，苏联便将乖乖地屈服于日本的经济合作'。殊不知，这是大错特错的，苏联决不屈服。"中曾根康弘也不示弱，他以强硬的口吻反驳道："尽管如此，两国加深交往也是重要的。阻挠两国关系发展的，正是北方领土问题。铸成这个问题的原因在于斯大林错误地向属于北海道的岛屿派遣了军队。"接着，中曾根康弘语气和缓地说："我毕业于东京大学法律系，而你是莫斯科大学法律系毕业的。我们俩同属法律系毕业的，理应了解国际法、条约和联合声明。国际上都承认日本的主张是正确的。"戈尔巴乔夫听出中曾根康弘的话外之音，但是为了国家利益不能随便相让，于是他幽默地说："我当法律家亏了，所以变成了政治家。"此话一出，巧妙地避开了中曾根康弘话题的锋芒。

本来双方针锋相对，很容易使谈判陷入僵局，但戈尔巴乔夫随机应变的一句幽默的话语，使双方的紧张气氛得到了缓解，谈判得以继续进行。幽默能减少人们之间的紧张对立。因为谈判双方分别代表各自的利益，哪一方都很难轻易作出让步，谈判期间必有一番唇枪舌剑的苦斗，有时甚至到了剑拔弩张的地步。这时，如果某一方代表说句幽默的话，或讲个小笑话，大家一笑，紧张的气氛就能得以缓解，双方也可以继续谈下去。

随机应变，适时转换话题时有两点应引起重视：一是要自然，就是指转换的话题要与原来的话题连得上，说得通；二是要及时，就是在对方话题尚未充分展开之前，就以新的话题取而代之，使对方在不知不觉中偏离原来的话题，将注意中心转移到新话题上去。

其实，话题的转移有相当的难度存在，需要具备对语言驾轻就熟的技巧。话题转移得不好，有时虽然能暂时缓和一下紧张的气氛，但对于大局却是无甚益处。

说话时要就场合的不同而随机应变，跳出原有的思维模式，巧妙地转换话题，会得到更好的效果。在说话中，或由于时间、环境的原因，或由于内容、方法的原因引不起听众兴趣，会场上出现诸如困倦、溜号、交头接耳，甚至“开小会”等不利局面。此时切不可一意孤行地讲下去，而是要根据具体情况，采取应急措施。

比如由于时间的原因，听众困倦了，那就讲一个既富有寓意又紧扣主题的生动有趣的故事，便可以振奋听众精神，引起听众的兴趣和注意；如果听众有些懒散了，精神无法集中，可设置一些悬念，激发听众的兴趣，调动听众的情绪，也可以用提问的办法，如“这是为什么呢？”“这个问题得怎么解决呢？”促使听众产生积极的思维活动，形成良好互动。

引起听众的兴趣，还可以通过提高声音、突然短暂地停讲或显露出十分活跃的神情等等，这些都有助于解决问题。

3. 精妙比喻，让你的幽默韵味十足

1945年，罗斯福第四次连任美国总统。美国一家著名报社的记者采访了他，请他谈谈连任的感想。罗斯福没有正面回答，而是很客气地请这位记者吃一块三明治。记者觉得这是殊荣，便十分高兴地吃了下去。总统又微笑着请他吃第二块。记者觉得情不可却，又吃了下去。不料总统又请他吃第三块，他的肚子虽已不需要了，但出于礼貌，他还是勉强地吃了下去。

谁知总统在他吃完之后又说："请再吃一块吧!"

记者一听顿时哭笑不得，因为他实在吃不下去了。

罗斯福这才微笑着说："现在你不需要问我对于第四次连任的感想了吧，因为你自己已经感觉到了!"

罗斯福就是用让记者连吃四块三明治的体会，来比喻四次连任美国总统的体会。借比喻事例中的道理来生动形象地说明情况，真是妙不可言。

比喻也是幽默艺术中常用的手法之一，有明喻、暗喻和借喻三种。幽默艺术在运用语言移植技巧时通常采取明喻和暗喻手法，在运用语言交叉技巧时则常采取借喻手法。

明喻由本体、喻体和喻词三部分构成；暗喻由本体和喻体两部分构成；借喻则是以喻体代替本体。在语言移植技巧手段中，本体、喻体和喻词之间的差距极大，褒贬色彩也截然不同，含蓄而又出人意料的比喻常能给人以意料之外、情理之中的感觉，产生意味深长、忍俊不禁的幽默效果。在语言交叉技巧手段中，巧妙的借喻使表面意义上的喻体和其所暗示的、带有一定双

关意义的本体构成交叉，令人在领悟了比喻的真正含义后发出会心的微笑，因而具有很强烈的幽默效果。

亨利·克莱曾任美国国务卿，是位温和的蓄奴派领袖，在对待奴隶制的问题上，他被人讽称为“伟大的妥协者”。但有一次，他在演讲中的观点略有变化，便有几个奴隶主想用“嘘”声压倒他的声音。而克莱则向听众们喊道：“绅士们，你们听到这些声音了吗？这就是真理的甘霖洒落在地狱的火焰上发出的声响!”

亨利·克莱的比喻幽默法包含着丰富的内容，他把废奴主义比喻为“真理的甘霖”，而把蓄奴主义比喻为“地狱的火焰”，爱憎分明而不失幽默。

同样面对反对意见，麦克唐纳的比喻法幽默效果更是略高一筹。

曾经当过英国首相的麦克唐纳同一位政府官员讨论持久和平的可能性。这位政府官员是个外交事务专家，对首相的理想主义观点无动于衷，他冷嘲热讽地说：“要求和平的愿望不一定能保证和平。”麦克唐纳说：“完全正确！要求吃的愿望也不一定能使你充饥，但至少可以使你向餐馆走去。”这位政府官员不得不服气地点点头。

用吃饭来比喻和平真是闻所未闻，但用在此处不仅贴切而且具有威慑力。后来，这位政府官员最终成了麦克唐纳外交路线的忠实拥护者和执行者。

生活中我们所看到的一些滑稽和幽默几乎都离不开一些比喻夸张的渲染。比喻能将原本硬生生的话语变得更加柔和生动，而且更多时候还能将话语变得充满趣味，拉近人与人之间的距离。

比喻的修辞手法常被人称为使语言变得更加华丽的“添加剂”。尤其是在生活中，如果我们也善于使用比喻的方式来制造“笑果”，那么定然能让我们的语言更加“出众”。马云平常就特别喜欢使用幽默的语言，尤其是在演讲时，常常利用比喻制造的“笑果”为自己博得满堂彩。

下面是马云在财经励志类人物访谈节目《财富人生》当中的一段现场访谈：

“1996年至1997年是很残酷的时候。那时候是当骗子的时候，那时候

是没人来找我的。阿里巴巴创业的时候，确实很多投资来找我。但是我拒绝了三十多家，应该还不止。至少应该有38家以上的投资者来找我。我说‘NO，我不要你们的钱’。很多人总认为，赚钱要钱很难。其实要钱是很容易的，只要你做得好，投资者一定有的。有钱人太多了，你要问的是钱背后是什么，他除了钱以外能够帮你什么。因为跟投资者合作就像结婚一样，等到闹离婚的时候，事情已经搞不好了。”

形象地用幽默夸张的方式将自己的观点表达出来，可以让自己的言辞变得更加贴切和鲜活。事实上，我们在说话的过程中适当地夸张，会形成一种极不协调的喜剧效果，然而这也是产生幽默的有效方法之一。

2009年，马云在美国亚洲协会上发表演讲，主要分享了阿里巴巴近10年来的创业成功心得，以及未来电子行业创新发展的一些基点。

马云在谈话中，以电影《阿甘正传》中的经典台词“生活就像一盒巧克力，你永远不知道下一颗是什么味道”为喻，他指出，今天，人们不缺钱，缺的是精神、希望、梦想和价值观。现在每个人都有机会成为英雄，有机会去看到一个新的世界成长和到来。如果今天你开始行动，你也很可能创造出一个Google、eBay。

事实上，真正的幽默高手常常善于发掘自己语言中的亮点，他们善于运用形象的比喻来让自己的话语达到出奇制胜的效果。因为很多时候，你的比喻用得越好，你所要陈述的本意就会越清晰。倘若再适时地增添点幽默的比喻，那么在令人为之捧腹的同时，还能为你的谈话带来意想不到的结果。

4. 借别人的“词”来达到你的“笑”果

俄国大诗人普希金年轻时并不出名。一次，他前往参加公爵家的舞会，并主动邀请一位漂亮的贵族小姐跳舞。

贵族小姐见眼前是个粗鄙的“乡下人”，便找了个借口，傲慢地加以回绝：“对不起，我不能和小孩子跳舞。”

“对不起，”普希金说着，很有礼貌地鞠了一躬，“亲爱的小姐，我真的不知道您正怀着孩子呢！”贵族小姐的原话本来是想表达“你是小孩子，我不能和你一起跳舞”的意思。但是，普希金感受到了来自贵族小姐的鄙视和轻蔑，便故意将这句话误解为“我怀有孩子，跳舞对孩子不好”，巧妙地嘲讽了贵族小姐的傲慢和无礼。

生活中，我们常能听到表达含混不清的言语，只要在这上面稍做些文章，就能巧妙地借用别人的话语，制造出言语幽默。如果对方的话语带有恶意，你更可以歪曲对方原意，做出有利于自己的解释，便可委婉含蓄地反击对方的攻击了。

汉语当中有不少一词多义的现象，但我们这里要说的是根据需要为词汇“编造”出新的含义。在特殊语境中制造新的词解，可以让谈话变得更有趣，也可以巧妙地回绝那些不想直接谈及的问题，甚至是回击某些恶意的攻击，可谓是一种十分实用的幽默技巧。

借别人的“词”来达到你的“笑”果，非常考验谈话者的思维敏捷程

度。你不能把思维停留在词的原意上，要能突破固定的思维或者跳开常理，创造出别开生面的新词义。如果你天生并不具备幽默感，就需要在后天的不断学习中加以锻炼进而掌握，用以增强你的人格魅力。

打个比方，有个讨厌鬼整天到你家蹭饭，给你的生活增添了许多麻烦，你该怎么委婉地劝退他呢？此时你不妨尝试着问："隔夜饭你吃吗？"如果对方说吃，你就可以让他明天再来。因为"隔夜饭"在你这里并不指"剩饭"，你已经根据需要将它赋予了新含义。

总的来说，借用别人的词的幽默方法并不是很难，但你在别解词语时，应该让人感到你是在故意曲解词意，而非用的是本意，否则就不会产生出这种强烈的幽默效果了。

5. 巧用谐音，令人捧腹

2015年1月18日，年过八旬的作家王蒙携新作《天下归仁：王蒙说<论语>》于北京言几又书店举行新书发布会，并与学者赵士林、钱文忠围绕《论语》以及儒家精神展开深入讨论，三人谈古论今，语言幽默，现场笑声掌声不断。在文坛，王蒙是出了名的“老顽童”，而且语言天赋极强。发布会现场，他还即兴讲了一段相声，巧用谐音，“借古讽今”趣解《论语》中的“学而不思则罔，思而不学则殆”两句话，令人捧腹。王蒙将《论语》原文中的“罔”和“殆”替换成了读音相近的“网”和英文单词“die”（死），令人捧腹。

“什么叫学而不思则‘网’，学而不思你就变成网虫了，这个人就是网虫，有网瘾，成天混迹于网吧的人的水平。思而不学则‘die’是什么意思呢？思而不学则‘die’您就变成（某些）‘大V’了，没有学问，没有知识基础，没有足够的信息，没有经过自己的核查，只会雷人雷语。”“no zuo no die。”最后王蒙还幽默地说，“孔子早就预见到了。”提起网络，赵士林提出，孔子是中国最早的微博达人，“言论几乎不会超过140个字，每句都很精彩。

谐音双关是幽默语言交叉技巧中常用的一种修辞格式，即利用词语的同音或近音条件构成双重意义，使字面含义和实际含义产生不协调交叉。谐音双关以语音为纽带，将两个毫不相干的词义联系在一起，使观赏者通过联想领悟艺术家的幽默感。

清朝的纪晓岚和和珅当时分别担任侍郎和尚书职务，有一次两个人同

席，和珅见一狗在桌下啃骨头，便问纪晓岚："是狼（侍郎）是狗？"

纪晓岚马上回答："垂尾是狼，上竖（尚书）是狗。"

说实在的，两个人都在骂人，但都含而不露，谑而有度。特别是纪晓岚，急中斗智，巧用谐音，以眼还眼，令人拍案叫绝。

无独有偶，在狗啃骨头上做文章的名人轶事，苏东坡也有一例：

这天，苏东坡与好友佛印江上泛舟，见一狗在河滩上啃骨头，苏东坡马上灵机一动，说："狗啃河上（和尚）骨。"

佛印一听，心知话中有话，马上回敬一句："水流东坡诗（尸）。"

两人听罢都哈哈大笑。因为，表面听来，是吟诗写实，颂扬风雅，实际是互相戏弄，互相嘲笑。

运用谐音法，还可以对不便明说的丑恶现象和人物，进行讽刺鞭笞。

辛亥革命，皇帝被赶下了台，改呼"皇帝万岁"为"民国万岁"，以为从此天下太平，而事实却是军阀混战，贪官横行，民不聊生。撰联大师刘师亮编出"民国万税，天下太贫"的对联。此联的讽刺效果可谓入木三分。确实，民国不能"万岁"，但却有"万税"；天下不太平，只有"太贫"。

6. 反弹琵琶，让幽默妙趣十足

某香烟公司推销员站在市场上大喊大叫："新牌香烟，芳香可口，防虫牙，除百病……"

围着看热闹的人群将信将疑。

突然，从人群中钻出一个老头儿，他帮着推销员说：

"其他好处我来补充：新牌香烟可使小偷不敢进屋，狗不敢咬人，抽烟的人永不衰老……"

推销员听了大喜，连连向老头道谢，并希望他再向听众们解释解释。

老头说："很简单，抽烟的人整夜咳嗽，小偷岂敢进屋？抽烟的人身体虚弱，走路拄着拐杖，狗敢咬吗？抽烟的人易得肺癌，能活到老吗？"

老头的话是反语，他补充了一大堆所谓的"好处"，实质上是抽烟的一大堆坏处，幽默感从中而生。既驳斥了推销员的谬论，又教育了围观的群众，其效果不言而喻。

这就是反语幽默的魅力所在。它和逻辑学中的"归谬法"有些相似，也就是将语言中的某些意义引申至谬误的方向。正话反着说，反语幽默更耐人寻味，反语以语义的相互对立为前提，依靠具体语言环境的正反两种语义的联系，把相反的双重意义以辅助性手段如语言符号和语调等衬托出来，使观赏者由字面的含义悟及其反面的本意，从而发出会心的微笑。

一次，赫鲁晓夫访问南斯拉夫，铁托及一些高级官员一同前来迎接。

在迎接的官员中，有一名高级官员十分反感赫鲁晓夫，出人意料地抛出了一句颇具挑衅性的话。他对赫鲁晓夫说："俄国和斯大林对我们干了许多

坏事，所以我们今天很难相信俄国人。”

气氛一下子紧张起来，冷场片刻之后，赫鲁晓夫走到这名官员跟前，拍着他的肩膀对铁托说：“铁托同志，如果你想叫谈判失败，就任命这个人担任谈判代表团团长吧！”

赫鲁晓夫说完哈哈大笑，场内的紧张气氛终于得以缓和。

正话反说式的幽默，非常适合运用到政治场合。当政治家们在发生尴尬、遭遇不好应付的事情时，就可以采用这种幽默方法，主动从事物的另一面入手，转换思维方式，另辟蹊径，如此不仅可以化解尴尬，更可以就此表达自己的真正意愿。这种政治幽默在社交场合也可使用，不会显得庸俗，更不会损害你的形象，反而能适时地表现你的风度和素养，赢得对方的好感。

一次，秦始皇要大肆扩建御园，多养珍禽异兽，以供自己围猎享乐。这是一件劳民伤财的事，但大臣们谁也不敢冒死阻止秦始皇。这时，能言善辩的侏儒艺人优旃挺身而出，他对秦始皇说：“好啊，这个主意很好，多养珍禽异兽，敌人就不敢来了，要是有敌寇胆敢来犯，下令麋鹿用角把他们顶回去就足够了。”

秦始皇听了不禁笑了起来，立即收回了成命。

从优旃字面上的意思来看，他是赞同秦始皇的主张的。但是，若仔细思考，就会发现优旃所表达的完全是另外一码事。他要告诉我们的是，如果按照秦始皇的主意行事，国力就会空虚，敌人就会趁机进攻，而麋鹿用角是不可能把他们顶回去的。但是，优旃不敢直接否定，只得在字面上赞同秦始皇的举措，把自己真正的意愿隐藏在笑声之后，这样足以保全自己，既不惹恼君主，又促使秦始皇在笑声中醒悟，从而达到了他的说服目的。生活中，如果你要开口阻止长辈或者领导的某些不恰当举动，就可以采用优旃这种幽默讽谏法，既不会惹恼对方，又能轻松达到劝谏的目的。

有一次，歌唱家帕蒂拉举行独唱音乐会，可钢琴师在伴奏时，竟然只顾着自己表现，琴声时不时盖过了帕蒂拉的歌声。帕蒂拉几次暗示，但钢琴师竟浑然不觉。

演唱会结束后，帕蒂拉走到那位钢琴师跟前，热情地跟他握手，并极其谦虚地说：“先生，今天我很荣幸能参加你的钢琴独奏会，并且能用我的歌

声为您伴奏，特此表示衷心的感谢！”

钢琴师在歌唱家的独唱音乐会上喧宾夺主，这是一件很不礼貌的事情。为此，帕蒂拉也难免恼火，可他不好直接批评，便反话正说，热情地把原该批评的话通过表扬的形式表达了出来，让钢琴家在受到莫名其妙的表扬后，自觉去反省自己的失礼。如果你也遭遇这种问题，也可以尝试这种反话正说法，把话说得委婉一些，可以人为地拉开话题与对方之间的距离，弱化对方的不满和对自己的不利影响，给彼此都留下一个缓冲带。

反语幽默，不仅包括正话反说，也包括反语正说。只要你故意把话语说到相反的一面，就能达到这种幽默效果。不过，在具体制造这种幽默时，你首先得找到语言环境中的正反两种关系，然后采用语言符号和语调等辅助手段，故意把黑的说成白的，把白的说成黑的，使对方由字面的含义悟及其反面的本意。

实际上，生活当中我们常常把正话反说，或者把反话正说。譬如到朋友家参加聚会，你发现朋友的夫人越来越胖了，你却不会说她胖，而是幽默地告诉对方：“啊，你怎么越来越苗条了！”对方明知你在说谎，却不会心生不满，顶多对你嗔怪地笑一下。

反语幽默不仅可以作为沟通手段，拉近彼此距离，也可以成为一种反击手段。譬如你到餐馆吃饭，每盘分量都很少，你根本吃不饱。这时不妨和老板建议：“你家的菜肴很合我口味，只是盘子太大了！”这样提出建议，听起来客气，可实际上暗藏锋芒，带有很强的针对性，讽刺效果也很强。不过，正因为反语幽默的针对性过强，我们更要注意分寸，要准确地把握对方的心境和环境情况，不能说得太过火。主要考虑对方与你的关系是否经得住这种幽默。此外还得考虑场合和其他条件。有时同样一句话在一种场合下可以讲，在另一种场合下就不能讲；对同样一个人在他心平气和时能讲，在他心情很差时就不能讲。准确地把握说话的场合和对方的情绪，如果在这一点上粗心大意，那不但幽默不起来，反而可能冒犯了对方的自尊心，弄僵彼此间的关系。

7. 望文生义，幽默风趣

北齐高祖高欢曾于佛教大斋日设聚会，当时有一高僧大德法师在会上讲经。与会者若是对佛经有疑问的，都当场提问，法师则当场解答，引经据典、言论深奥。有个叫石动筩的优伶最后提问，他对法师说："我问一个小问题，佛常骑什么？"

法师答道："或坐千叶莲花，或乘六牙白象。"

动筩说："原来法师一点不读佛经，竟连佛所乘骑之物都不知道。"

法师马上反问道："施主读佛经，你说佛骑什么？"

动筩回答："佛骑牛。"

法师问："有何根据？"

动筩答道："佛经上说'世尊甚奇特'。'特'不就是小牛的意思吗？"在座者听了此言，皆哄堂大笑。

司马迁的《史记》中有一个"一诺千金"的著名典故，说的是秦朝末年，在楚地有一个叫季布的人，为人非常守信，只要他答应别人的事情就一定会做到，因此在当时就有"得黄金百斤，不如得季布一诺"的说法。

一则笑话就故意曲解了这个典故：

有一位女士问先生："'一诺千金'怎么解释？"

先生说：

"'千金'者，小姐也；'一诺'者，答应也。意思是：小姐啊，你答应一次吧。"

把历史人物的典故，通过词义的曲解变成了眼前求爱的语言媒介，二者之间距离有多遥远，则滑稽的程度就有多大。对于立志谈吐诙谐者，对这一规律应当深深领悟。一般人即使要作暗示性的表达，也都易倾向于“近取譬”，然而“近取譬”容易抒情，却不容易产生和谐、恰当的滑稽感和诙谐感。要使自己的讲话有谐趣，则应从不甚切合的远处着眼，以“远取譬”为上。古代典籍之于凡人，一般距离都十分遥远。既遥远而又歪曲，自然容易生谐趣。不过，古与不古不是问题的最关键之处，最关键仍然是曲解。

这种歪曲经典的方法很适合放在表演性的幽默中，如小品、相声等，一般较难直接用于人际交往或谈吐之间。但若能改变角度，结合其他方法，则仍可以用之于人际交往之中，增加谈吐的谐趣。至少可以用以针对自己，即用于自我调侃，如故作蠢言或故作大言时加以引用，以大智若愚的姿态出现，使对方与你之间缩短心理距离，增加分享谐趣的渠道。

还有一种望文生义的幽默方法，在本质上与曲解经典法是一致的，即歪曲地解释或解构。

“望文生义”的原义是：只按照字面去牵强附会，而不探求其确切的含义，含有明显的贬义。望文生义法，即明知故错，只按字面理解词义，得到与原解释截然不同的结果，也会使说话十分诙谐，充满幽默感。

有位主管主持会议，开宗明义地宣布：“今天的会议十分重要，研究全厂改革大计，故应明令禁止说普通话。”

与会者不禁愕然：“普通话，为什么要禁止呢？不说普通话，莫非要说方言或英语不成。”

望着众人迷惑不解的目光，主持人这才缓缓解释说：“所谓普通话，就是指那种普普通通、平平庸庸、四平八稳、不痛不痒、没有独到见解、缺乏实际内容的套话、空话。这种话难道不应禁止吗？所以，我提议在今天的会上，大家一定要说切实有用的话!”

听到这里，众人才恍然大悟，全场大笑，鼓掌表示赞同。主持人巧用望

文生义法，开场白极富幽默感，既点出会议的宗旨，又活跃了会场的气氛。

望文生义法是一种巧妙的幽默技巧。运用它，一要“望文”，即故作刻板地就字释义；二要“生义”，要使“望文”所生之“义”变化得与这个“文”通常的意义大相径庭，还要把“望文”而生的“义”，引向一个与原义风马牛不相及的另一个内容上。从而在强烈的不协调中形成幽默感。因为所有的幽默，从总体上说，都是来源于不协调。

望文生义也好，曲解经典也罢，都需要一个条件，即对你所曲解的意思要让别人心领神会。对方至少要熟悉你所歪曲的经典原义，同时对方的智力能够达到明白你是故意歪曲的。如果他达不到这种水平，把你的故意歪曲，当作无意的错误，再来纠正你，那就必然导致幽默感的丧失。

在西方有两句家喻户晓的经典格言：“上帝支配众人的生命”“杀他同类的人有罪”。有一个西方剧作家让他剧作中的人物说了这样一句话：“只有上帝有权力杀他的同类。”由于西方人对原来的两句话有深刻的共识，因而很容易领悟到这句台词中的诙谐之趣。同样是这一句，如果在中国人中间，可能很难产生同样的诙谐效果了。

这种方法除了用于自我调侃之外，还可以在讽喻他人时使用。有些场合不便直接指出对手的错误，就可以借讲故事的形式，把对手的错误转移到古人头上去，既不会伤害对方的自尊，又能显示自己幽默的魅力。

当然，这时需要类比得当，而且分寸也需斟酌。如果类比不当，对方可能无所感觉，如果类比过分直露，可能失去分寸，不但显不出你的智慧的丰富，而且招致对方的反感。立志于谈吐幽默诙谐者切忌“引喻失当”。

以曲解之法喻人，既可产生亲切感，也可导致轻浮感，其间分寸，应视具体环境与关系性质灵活掌握。文武之道，一张一弛，运用之妙，存乎一心，只有在长期的实践中，才能深深体会，准确掌握，此外之“捷径”均非最有效良策。

8. 一语双关，幽默无极限

一对年轻夫妇走进一家餐馆。丈夫出手大方，一口气点了满满一桌子菜。没想到点菜过多，两个人没能吃完。正要起身离开时，热情的服务员走了过来，递给他们一个食品袋，笑着说："二位别急着走啊，还请你们吃不了兜着走！"话音刚落，夫妇俩忍不住"扑哧"一笑，接过食品袋装下了桌上剩余的菜肴。

"吃不了兜着走"这句话，通常是"吃不消"的意思，但服务员却根据当时的情景，把它的原义"吃不了的饭菜用袋子装好带走"还原使用，使一句含有威胁性的话，变成了风趣、幽默、充满温暖之意的劝告。

平时我们说话，向来一是一，二是二，语言概念不能朦胧模糊，或者任意偷换，否则语意表达不明，与人的交流就无法深入下去。但是，幽默作为一种情感思维，就可以打破通常的理性逻辑规范，一语双关式的幽默就是很好的例证。

所谓一语双关式的幽默，是指在一定的语言环境中，利用语言的同义、谐意关系或能容纳不同内涵的概念，使你组织起来的语句，有意识地具有双重意义。简言之，就是"话中有话"。这种幽默方法含蓄委婉、生动活泼、风趣诙谐，能给人以意外之感，又能让人回味无穷。

当我们置身于难堪境地时，如果过分掩饰自己的失态，反而会弄巧成拙，使自己越发尴尬。而以漫不经心、自我解嘲的口吻说几句取悦于人的话，却可以活跃气氛、消除尴尬。

一个刚毕业的大学生去一家合资公司求职，一位负责接待的先生递过名片，大学生神情紧张，匆匆一瞥后，脱口而出：“滕野木石先生，您身为日本人，抛家离乡，来华创业，令人佩服。”那人微微一笑：“我姓滕，名野拓，地道的中国人。”

大学生顿时面红耳赤，无地自容，但幸亏他反应得快，短暂的沉默后，他连忙诚恳地说道：“对不起，您的名字让我想起了鲁迅先生的日本老师——藤野先生。他教给鲁迅许多为人处事的道理，让鲁迅受益终身。今天我在这里也学到了难忘的一课，那就是‘凡事认真’，希望滕先生在以后的工作中能时常指教我！”滕先生面带惊喜，点头微笑。最后这位大学生如愿以偿地被录用了。

这位大学生的错话已经出口，在简单地致歉后，便立刻聪明地转移了话题，有意借着对方的名字加以发挥，巧妙地将话题引向了鲁迅的老师藤野先生，既消除了望文生义将对方误作日本人的尴尬，又语义双关，诚恳地检讨自己的不认真，同时又不失时机地暗示了为该公司服务的愿望，真可谓一语三得！

一语双关式幽默的最大妙处在于“言在此而意在彼”，你明里说东，实在说西；明里指桑，实则骂槐。这种言语中产生的另一层意思，往往带有一定的幽默效果，而且是一种含蓄的幽默，需要对方静下心来领悟。

这种幽默难度较大，你必须找到一个能容纳不同意思的词汇，而且要让自己所要表达的含义在这一词汇中同时显现。不仅如此，你还要注意使这二者互相冲突，至少要不相协调，这样才能产生极强的喜剧色彩，幽默感也就强。和其他幽默比起来，双关语是一种机智幽默，它们很少能引起大笑，更多引起的是会心的微笑。

中国人很喜欢一语双关式的幽默。这种幽默有一定难度，你在运用之前必须找到一个能容纳不同意思的概念或词语，还要使两个概念在具体上下文中同时显现。运用一语双关，可以把你的攻击锋芒掩盖起来，让对方在你看似温和的言辞中，明白你真正的意图。它的效果将使你的智慧、情感和人格

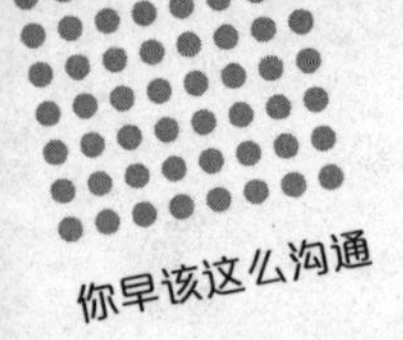

得以升华，使你在社交、谈判中立于不败之地。

打个比方，有不很熟悉的人向你借钱，并要求你替他保密，而你并不想借钱给他，应该怎样拒绝他的请求？直接回绝或许有些不妥，你倒不如故作神秘地对他说："你放心，我一定替你保密，这事儿我就当没听见一样。"这里的"就当没听见"，不仅指对方的保密要求，也暗含了对方借钱的要求。既然没听见借钱的要求，自然也不用借钱给他。这个小幽默的精妙全在于此。

9. 自嘲是最高明的幽默

幽默一直被人们称为只有聪明人才能驾驭的语言艺术，而自嘲又被称为幽默的最高境界。能自嘲的必须是智者中的智者、高手中的高手。自嘲是缺乏自信者不敢使用的技术，因为它需要你自己骂自己，也就是要拿自身的失误、不足来“开涮”，巧妙地引申发挥、自圆其说，以博对方一笑。而如果没有豁达、乐观、超脱、调侃的心态和胸怀，是无法做到这一点的。

在社交场合中，自嘲是不可多得的灵丹妙药，在别的招不灵时，不妨拿自己来开涮，至少自己骂自己是安全的，除非你指桑骂槐，一般不会讨人嫌。用自嘲的口吻、夸张的手法化解尴尬，可以活跃气氛，同时还给大家留下一个良好的印象，显示出自己豁达的心胸和诙谐的人格魅力。

智者的金科玉律便是：不论你想笑别人怎样，先笑你自己。

古时候有个石学士，一次骑驴不慎摔在地上，换了一般人可能会有些下不了台，可这位石学士却不慌不忙地站起来说：“亏我是石学士，要是瓦的，还不摔成碎片？”一句妙语，说得在场的人哈哈大笑，自然这石学士也在笑声中免去了难堪。

以此类推，一位胖子摔倒了，可说：“如果不是这一身肉托着，还不把骨头摔折了？”若是换成瘦子，则可说：“要不是重量轻，这一摔就成了肉饼了！”

自嘲，不但能活跃谈话气氛，消除紧张；还能在尴尬中自找台阶，保住

面子。此外，自嘲还能在公共场合拉近与陌生人的距离，快速获得别人的接受。巧妙地运用自嘲的方式来扭转困境，这往往要比一大串的解释、道歉来得迅速、有效。呵呵一笑中，大家往往能够放下误会，将不快尽付笑谈中。

某大学新学期开学，新生初来乍到，在宿舍里争排座次。老七心直口快，与老八争执了半天，见比自己稍小几日的老八终于叨陪末座，便说道："好啦，你排在最末，是咱们寝室的宝贝疙瘩，你又姓王，以后就叫你'疙瘩王'啦。"

说者无心，听者有意，原来老八长了满脸的疙瘩，俗称"青春美丽痘"，每每深以为恨，此时焉能不恼？老七见又惹来了风波，心中懊悔不已，表面上却不急不恼，揽镜自顾道："'蜷在两腮分，依在耳翼间，迷人全在一点点'。唉，老八，我这真是'一波未平，一波又起'呀！"老八听了，不禁哑然失笑，适才的些许不快也烟消云散。原来，老七长了一脸的雀斑。

老七的自我纠错术堪称高明，在无意中冒犯了别人之后，马上含蓄地进行了一番自我调侃，并巧借余光中的诗句点明了自己面生雀斑。其"一波未平，一波又起"之语，既是对自己面部雀斑分布形状的自嘲，又是对自己口没遮拦两番惹来风波的含蓄自责，因而博得了老八谅解的一笑。这种自我解嘲通过调侃自己求得对方的谅解，因而也是一种颇为灵活的纠错方法。

在生活中，恰当地运用自嘲，不忌讳谈论自己的缺点和不足，扭转困境，转败为胜，是需要足够的智慧和勇气的。我们不妨试着锻炼一下，不要对自己的缺陷斤斤计较，以一种开朗的心境面对自己的不足，在合适的时候拿自己的缺点开开玩笑，既为自己消除了尴尬，也能赢得他人的理解和尊重，实在是一种高超的交际方式。

一次开办公会议的时候，按照惯例大家都要把手机调成震动模式。小张拿出自己新买的手机，熟练地按了几个键后，便放到了口袋里。可是，领导正在讲话的时候，小张的手机却突然铃声大作。顿时，领导的讲话也

停止了，整个会议室的目光都投向了小张和他的新手机。小张面露尴尬之色，有些不知所措，但马上他又嬉笑着说："十分抱歉，这手机是我刚买的山寨机，初次使用，所以水平也是山寨级别的。"他的自嘲为自己解了围，同事们乐得呵呵一笑，会场又重新恢复了正常，领导也没有和他计较，继续讲话。

在工作场合中，自嘲是一副不可多得的治疗尴尬的灵丹妙药。遇到尴尬时，不妨拿自己来开开涮。

为什么自嘲能收到很好的效果呢？

（1）自嘲具备坦诚的直率味。

自嘲往往是撕破自己尊贵的面子，大胆、无情地"亮丑"。实质上，这也是一种心理成熟的标志。因为你挣回的不但是面子，展示在领导面前的还是一种真诚的人格魅力。

（2）自嘲是化解尴尬的灵丹妙药。

自嘲又常常不仅仅停留在替自己辩解的层面上，更重要的是让尴尬的局面得以扭转。而领导作为工作环境里的主角，是最不希望出现尴尬的场面的。所以，给自己解围，也就是给领导解围。

（3）自嘲还能给工作环境带来轻松氛围。

自嘲的良好效果在很大程度上取决于它幽默的调侃。几乎没有领导喜欢自己的下属总是呆板和过于一本正经，而往往更为喜欢那些能够给办公环境创造轻松氛围的人。因此，懂得自嘲，更容易给工作环境带来轻松和快乐，从而使同事和领导都更喜欢你，使你成为职场上很受欢迎的人。

10. 幽默也有雷区，“搞笑”注意分寸

在某俱乐部举行的一次大型招待会上，宾客如云，场面热闹非凡。服务员端酒时，为了避开过往的人，竟不慎将啤酒洒到几位宾客的头上。服务员吓得手足无措，全场人也目瞪口呆。

这时，主人为了缓和气氛、消除尴尬，故作幽默地说：“呵呵，人家不是说常用啤酒洗发香波嘛，我们这啤酒，对头发保养可极具功效呢。”谁知一语既出，在座的一位宾客勃然大怒。这位客人年过四十，头发几乎秃了一半，平时最忌讳别人谈到头发的问题，这次听到主人这番话，还以为是主人借此来奚落自己呢。这正是说者无意，听者有心，不和时宜的幽默只会让事情更加糟糕，弄巧成拙。

所以说，幽默是一把双刃剑，运用得当，就能锦上添花、转败为胜；但若不分场合和对象，一味乱搞笑，瞎幽默，却往往会坏了大事。在现代社交中，有些场合是不适宜开玩笑的，比如在严肃的会议桌上，当大家正在为公司的发展困境眉头紧锁的时候，乱开玩笑可能会引起上司的不满，认为你不关心公司发展，想抽身事外，独善其身。比如在病房的时候，我们可以想尽办法安慰病人，但切忌乱用幽默，尤其是用与病人疾病有关的事情开玩笑。这就是古人常说的，不能在跛脚的人面前开瘸子的玩笑。

在现实生活中，幽默一定要切合场景，将人、事、情巧妙结合，才能显示出幽默者的高水平。如果一味卖弄，胡乱幽默，很可能适得其反。

幽默有个前提就是，你要了解自己，知道自己的身份，还要弄清楚自己

是否是一个具有幽默秉赋并能灵活运用的人。如果不了解这一点，只是凭自己的兴致，不分场合地去说一些你自己认为是十分有趣的笑话或幽默，是不会收到良好的效果的。如果你的幽默与当时的形势以及场合极不协调，那么周围的人可能会对你的那种自认为的幽默或是笑话不屑一顾，在很多时候还往往会引起别人的反感，甚至被人视为是对自己的侮辱而遭到反对。

因此我们需要明白的是，多一点幽默并不是仅仅为了博人一笑，而是为了使语言更加丰富，更富于美感。如果你不能正确地运用幽默，那别人就会把你也看成是一种笑话，平等从容才能幽默，聪明透彻才能幽默；装腔作势难以幽默，迟钝拙笨亦难以幽默。因此，在你需要用幽默或是笑话来调节你所处的场合的气氛时，你一定要明确地知道在场的听众是不是有幽默的禀赋，不然的话，你所说出来的幽默很可能根本得不到认可，甚至在场的所有听众对你所表演的幽默都不会响应。

那么，幽默如何掌握分寸呢？

（1）不挖苦，不嘲笑，不模仿。不要挖苦和嘲笑别人，不要去模仿别人的动作和讲话来加以取笑。无休止的幽默，反而会失去幽默的魅力。幽默的语言应该是很精练的，不要唠唠叨叨，啰啰嗦嗦，说个没完；不要一味追求滑稽俏皮、无止境的幽默，否则你可能会落得一个“小丑”的名声，有损形象。

（2）幽默不仅要看场合，还要把握好时机。日常生活中，有许多可以说幽默、讲笑话的场合，如盛夏纳凉、乘船候车、月下漫步、课余小憩、酒前宴后闲聊等等。但在严肃、庄重的场合，比如重要会议、葬礼等则不宜随意开玩笑。在婚礼的宴席上，可以就新郎新娘的恋爱轶闻说些诙谐且不乏启示意味的话，但不要以新郎新娘的长相、年龄或隐私等敏感话题作为笑料来大肆宣扬，那必然令人心生不快。一旦发现幽默不能令大家高兴，或者不能把别人带到愉快的气氛里，你就要及时打住。

（3）幽默应注意对象，不是什么人都可以随意跟他开笑话的，要根据对方的性别、身份、地位、阅历、文化素养和性格进行判断。一般来说，在

熟人、同乡、同学、老同事、老部下之间，说些幽默风趣的话，即使玩笑开得稍微有些过火也无伤大雅。但如果是面对上级、名人、长者、陌生人、女性尤其是妙龄少女、性格忧郁或孤僻的人、对工作或职业不满的人，一般不宜随便开玩笑，否则会适得其反。

我们身边的每个人，因为身份、性格和心情的不同，对幽默的承受能力也有差异。一般来说，晚辈不宜同前辈开玩笑；下级不宜同上级开玩笑；男性不宜同女性开玩笑。在同辈人之间开玩笑，要注意对方的情绪和性格特征。如果对方性格外向，能宽容忍耐，那么幽默的尺度稍微大那么一些也无妨；若对方性格内向，喜欢琢磨言外之意，那就要慎重了。对方尽管平时生性开朗，但若恰好碰上不愉快或伤心之事，就不能随便与之开玩笑；相反，对方性格内向，但正好喜事临门，此时与他开个玩笑，幽默的氛围也会一下子凸显出来。

（4）要有正确的态度。幽默态度要友善，装腔作势、揭人隐私、笑里藏刀、指桑骂槐、牵强附会、含糊其辞、低级庸俗、油腔滑调等，都是说幽默笑话的大忌。

幽默的过程，是感情互相交流传递的过程，不能借幽默来对别人冷嘲热讽，发泄内心厌恶和不满感情。这种玩笑就不能称之为幽默，别人一定会认为你不够尊重他人，以后也不会愿意和你继续交往。

（5）幽默内容要高雅。幽默的内容取决于幽默者的思想情趣与文化修养。只有内容健康、格调高雅的幽默，才能给人以启迪和精神享受，也有利于对自己美好形象的成功塑造。幽默内容粗俗或不雅，有时也能博人一笑，但过后就会让人感到乏味无聊。

所以，现在你要注意的就是，要对自己和你所面向的人有一个正确的估计。要学会正确地运用幽默这种精神调节剂，因时因势、因地制宜地幽默一下，才能使幽默真正起到它该有的效果，避免导致别人的误解或不快。

第十一章

说话有禁忌：说话有分寸，才不会乱了方寸

成功是每个人的追求。想在当今竞争激烈的时代中争得一席之地，求人办事是在所难免的。因此，每个人都应努力提高自己的说话水平，尤其要注意把握自己的说话分寸，使语言为自己的成功造势，而不是挡路。

1. 永远都别表现得比别人聪明

纽约自由街114号的麦哈尼，专门经销石油所使用的特殊工具。有一次，他接到了一位长岛的重要客户一批订单，图纸呈上去，并获得了批准，工具便开始制造了。然而，一件不幸的事情却在此时发生了：那位客户同朋友谈起这笔生意时，他的朋友们都提醒他，说他犯了一个大错，被人给骗了。于是，客户的内心开始动摇，之后他打电话给麦哈尼先生，表示不能接受已经在制造的那一批器材。

麦哈尼先生接到电话后，仔细地查验过并非己方的错误，于是他去了长岛，打算和这位客户聊聊。当他走进客户的办公室，客户立马跳起来，一个箭步朝他冲过去，大声说起话来，语速极快。客户的情绪显然很激动，他一边说着一边挥舞着拳头，竭力指责麦哈尼先生和他的器材，而麦哈尼先生却耐心地听着。说完之后，客户问："你现在要怎么办？"

麦哈尼先生心平气和地说："我愿意照你的任何意见办，你是花钱买东西的人，当然应该得到适合你用的东西，可是总得有人负责才行。如果你认为你自己是对的，请给我们一张制造图纸，虽然我们已经花了2000元，但我们可以不提这笔钱。为了使你满意，我们宁可牺牲这2000元，但需要提醒的是，如果我们按照你坚持的做法，你必须负起这个责任。但如果你放手让我们照原定的计划进行，我相信，原计划是对的，我们可以保证负责。"

结果，顾主同意了麦哈尼先生的意见，而后还多订了两批相似的货。

当那位顾主侮辱麦哈尼先生，在他面前挥舞拳头，说他是外行的时候，麦哈尼先生要维护自己而又不同他争论，真需要有高度的自制力。的确，我们常常需要极度的自制，过程虽不易，但结果却很值得。要是麦哈尼先生当时说客户错了，跟客户争辩起来，很可能要打一场官司。感情破裂，损失了一笔钱的同时，也会失去一位重要的客户。对于麦哈尼先生来说，用这种争辩的方式来指出别人的错误而证明自己的聪明，是划不来的。

这正如英国19世纪政治家查士德·斐尔爵士对他的儿子所说的：要比别人聪明——如果可能的话，却不要告诉人家你比他聪明。

如果有人说了一句你认为错误的话，即使你知道是错的，你还是一定要这么说："噢，是这样的！我倒有另一种想法，但也许不对。我常常会弄错。如果我弄错了，我很愿意被纠正过来。我们来看看问题的所在吧。"用"我也许不对""我常常会弄错""我们来看看问题的所在"这一类句子，确实会收到神奇的效果。

你承认你自己也许会弄错，就绝不会惹上烦恼。因为那样的话，不但会避免发生争执，而且还可以使对方跟你一样宽容大度。更进一步，还会使他承认他也可能弄错。如果你肯定别人弄错了，而且直率地告诉他，结果会如何呢？

显而易见，虚心的态度无论在何时、何地都能让你受益匪浅，使你获得生意上的、名声上的、人品上及人际关系等诸多收益。

虚心，能使自己保持头脑的冷静和思维的敏锐，最大限度地了解困难和不利条件，为整体成功创造有利因素；虚心，能使自己具有涵养和修养，为顺利打通成功之路创造条件；虚心，能使自己具备丰富的知识，保持不断进取的坚韧精神。

虚心是在坚信自己力量的同时表现出的宽广。虚怀若谷的人，往往是知识渊博、成功系数最大的人。因此，虚心是成功的第一块基石。惟有真正的

虚心，才是成功的条件。表面上的谦虚，受制于环境的虚心，是无济于成功的。所以，虚心的同时要适时地表现得不比别人聪明，自觉地修正自己的错误，敢于接受别人的意见，哪怕这种意见是与自己的想法相违背的。

2. 说话有分寸，才不会乱了方寸

美国斯坦福大学社会心理学家弗利特曼和弗利哲两位教授，曾针对学校附近的一些家庭主妇做了一个有趣的实验，以调查在求人办事时怎样才能将分寸把握得恰到好处。

他们的第一个电话打给了彼得太太："这儿是加州消费者联谊会，为具体了解消费者的消费实况，我们想请教几个关于家庭用品的问题。"

"好吧，请问吧！"

于是他们提出了一两个简单的问题，例如府上使用的是哪一种肥皂等。当然，这样的电话，他们还打给了许多人。

过了几天，他们又打电话了：

"对不起，又打扰你了。现在，为了扩大调查，这两天我们将有五六位调查员到府上当面请教，希望你多多支持这件事。"

这本来是件容易被拒绝的事儿，但最后却得到了对方的同意，什么原因呢？只因为有了第一个电话的铺垫。相反地，对于那些没有打第一个电话进行铺垫，而是直接在电话中开门见山提出拜访请求的，多数遭到了对方的拒绝。最后，两位教授以百分比作为结论，前一种答应他们的占52.8%，后一种只有22.2%。

由上述可知，向人有所请托，应由小到大、由微至著、由浅及深、由轻加重才是。如果一开始就有太大的请求，一定会遭受对方断然拒绝。因此，应该拿捏好分寸，不能操之过急，而是让别人一步一步地接受你的说法，最

后答应帮你办事。

因此，一步一步地被别人接受，慢慢地诱别人上钩，既是找人办事儿的小技巧，也是嫁接成功的一个重要原则。然而，如果没有分寸，就会起冲突，生是非，甚至不欢而散。

以前，有一位从开封到苏州去做生意的人，在去苏州的路上迷了方向，他站在一个三岔路口上犹豫不定。忽然，他看见附近水塘旁边有一位放牛的老人，就急忙跑过去问路："喂，老头！从这里到苏州该走哪条路呀？还有多少里路程呀？"老人抬头见问路的是一个三十多岁的人，因为他没有礼貌，心里头很反感，就说："走中间的那条路对，到苏州大约还有六七千丈远的路程。"那人听了奇怪地问："哎，老头，你们这个地方走路怎么论丈而不论里呀？"老人说："这地方一向都是讲里（礼）的，自从这里来了不讲里（礼）的人以后，就不再讲里（礼）了！"

上述这个故事是对不讲礼貌的人的嘲讽，也说明在与人交谈时要注重礼貌。故事中的问路之人既不懂礼貌也不懂得说话的分寸，因此他也得到对方同样的回敬，可以说是碰了一鼻子灰。这也给现实中的我们提了个醒：求人办事时，讲礼貌、说话有分寸才行得通。反之，非但事办不成，可能还会遭到对方的还击，那么你就得不偿失了。现实生活中，跟长者打招呼，就算对方真的很老，也不要一开口就直呼人"老X"。面对不认识的长者，如果可以，最好问对方喜欢别人怎样称呼自己。如果面对的是一大群的长者，你大可说："各位长者"。总之，说出来的话语要文明，要合乎情理和礼仪。只有这样，你的求助才能得到解答。

人与人之间要有分寸，人与事之间也要有分寸，尤其说话更要有分寸。

若想成就一番事业，求人办事是在所难免的，而成功的关键就是你须懂得说话的分寸！以下这些禁忌是你在与别人谈话时所必须注意的，不然，你可就是踩了地雷了：

（1）别人的健康状况。除了自己的亲朋好友，很多人都不希望他人谈论自己的健康状况。比如那些有严重疾病的人，如癌症、动脉硬化等，通常

不希望自己的健康状况成为谈话的焦点对象。因此你在求别人办事时，应该尽量少谈身体健康方面的事情。

（2）有争议性的话题。除非很清楚对方立场，否则应避免谈到宗教、政治等具有争论性的敏感话题，以免引起双方抬杠或对立僵持的状况。

（3）东西的价钱。一个人的话题若老是围绕“这值多少钱？”“那值多少钱？”便会令对方觉得你是个俗不可耐的人，那么你在对方心中的形象就会大打折扣。当你提出让人帮你的时候，对方很可能就会拒绝，因为你的表现会让对方觉得你是因为钱才来找他的。

有的时候，并不是所有的话题，在任何时间、任何地点，都适合拿来公开谈论。求人也是一样的，要想让别人帮你，就须懂得掌握说话、做事的分寸。说话时的动作、表情、举手投足都要有分寸，过于张扬给人轻狂感，过于木讷则又显得呆板无趣。

人际交往中的分寸感是一种智慧和能力，需要不断修炼。《菜根谭》有云：“得意便思有矜辞色否，失意便思有怨望情怀否。”无论得意时还是失意时，都需要不断自我反思与修炼。

成功是每个人的追求。想在当今竞争激烈的时代中争得一席之地，求人办事是在所难免的。因此，每个人都应努力提高自己的说话水平，尤其要注意把握自己的说话分寸，使语言为自己的成功造势，而不是挡路。

3. 别对朋友说过分客气的话

冬冬的父母是私企老总，经常在家有应酬，冬冬从小就学会了帮助父母接待客人。渐渐地，冬冬总结出接人待物的经验，见到年轻的女性就说“阿姨长得真漂亮”，见到中年女性就说“阿姨长得真年轻”，见到年轻男性就说“叔叔长得真帅”，见到中年男性就说“叔叔真像大老板”，人们都夸冬冬是会交际的小绅士，冬冬的父母很高兴，为冬冬的表现感到骄傲。

冬冬在学校对待同学也很热情，经常对老师、同学嘘寒问暖。开始的时候，老师、同学听了他的话都很感动，老师很喜欢他，同学们也都愿意和冬冬交往。后来，同学们却渐渐和冬冬拉开了距离。原来，班里有活动时，很多同学都聚在冬冬身边，听他说这说那；私下里相处时，冬冬却很孤立，很少有同学希望与冬冬成为朋友，大家都说他“不诚实，爱说谎，就会说好听的话”“这种人不能做朋友，以后不理他了”，老师也感到冬冬“太假”，冬冬自己感到很委屈。

冬冬的同学之所以不喜欢他，是因为冬冬总说过分客气的话，让身边的人感觉不到他的真诚。朋友初次会面，略谈客套后，之后的见面就应竭力少用过于拘谨的客套话。如果每次和朋友见面都使用“阁下”“府上”等刻板的名词，长此以往，真挚的友谊恐难建立。

试想你到朋友家做客，你的朋友对你异常客气，你每说一句话，他都点头附和；每当和你说话时，总是满口客套话，唯恐惹恼你。如此一来，你一定会觉得如芒刺在背，坐立不安。

虽然客套话是出于社交礼貌的考虑使用的，但过度的客套话显然已经变味。与人初次见面时说几句客气话自然无可厚非，若以后每次见面都说个不停就太不妥当了。谈话的目的在于沟通双方的情感，增加双方的兴趣。而客套话，则恰恰是横阻在双方中间的一堵厚厚的墙，如果不把这堵墙拆掉，人们只能隔着墙，一味地进行极简单的敷衍、酬答而已。

听到朋友对自己说很客气的话，我们常常感觉很受伤。

古人说："至亲无文"，又说："情越疏，礼越多"。朋友之间，为彼此分担一些事情，是天经地义的，也是彼此的快乐。太客气了，就生分了，热心的朋友会很受伤。

也有人说："中国人就是喜欢客客气气的，即使感情再好，客套话总要讲的。"其实，讲客套话本身并没有错，对长者讲客套话是一种尊敬，对陌生人讲客套话是一种风度和涵养，但对朋友客气太过会让人感觉是一种嘲讽。客套话是平衡内心的砝码，感觉心中有"欠"，为了平衡，就自然而然地将客套话脱口而出。比如你想请人帮忙，比如你感激人家，比如你尊敬别人，这都是一种"欠"，这个"欠"，可以理解为"亏欠"，也可以理解为"不如"。若是金兰之交、忘逆之交，则大可摒弃这种"欠"的客气，交往起来不需要各自内心去平衡，追求的就是这份轻松。面对那些对你感觉内心有"欠"的人，则不能一味地客气，而是需要一份真情，比如你已经有恩于人，你要别人帮忙，就不能带"请"字，只需要淡淡的一句"帮我"或者更加直接，别人就会感觉轻松。电影《唐伯虎点秋香》里，华太师的两个傻儿子听周星驰饰演的小书童华安对他们说了一个"请"字，感觉是莫大的羞辱，反应很大，就是一例。

缺乏真诚、内容刻板的客套话，必不能引起听者的好感。"久仰大名，如雷贯耳""贵号生意一定发达兴隆""小弟才疏学浅，一切请阁下多多指教"……这些缺乏真情实感，流于模式化的恭维话、客套话，若从谈话的艺术观点看来，在朋友之间是万万使不得的。

4. 话不可说满，少用“反正”“绝对”等词语

有一名推销员在推销《幼儿百科全书》时对一家人说，他的这套书能解答孩子们提出的任何问题。然后他又对那家的孩子说：“小朋友，你随便问我一个问题，看我怎么从书上找到你想知道的答案。”这个小朋友问：“上帝坐的是什么牌子的车子？”这个推销员听此一问，当时就面红耳赤，无以言对。

说话是一门艺术，会说话的人，话往往说得稳妥、严谨、留有余地；不善言辞的人，话常常说得偏激、绝对、满装满载。后一种情形，常常会造成“祸从口出”。尤其在职场上，话说得太满，一不小心，就会将你推入尴尬境地。

许多面试场合，为发掘有用人才，考官总会想方设法给考生设置一些陷阱，如果考生将话说得太满，往往会功亏一篑。比如说，考官要考生介绍面前纸杯的好处，待考生从多个角度极尽溢美之辞回答完后，考官又让考生介绍这个纸杯的坏处，如果一开始话说得太满，肯定就难有回旋的余地了。

生而为人，不要自己给自己出难题，否则，难倒的只能是自己。某高校毕业生到一家企业应聘，为了证明自己“对这个企业的价值”，不假思索地夸下海口：“一年内，我能实现500万的利润。”殊不知，该企业业务分散，就是经验丰富、多年打拼的市场人员，一年的业绩能逾500万者也寥寥无几。面试官问：“是否了解公司最近的动向？你实现这个利润的具体方案是什么？”毕业生顿时张口结舌。因为话说得太满，无回旋空间，他在这一环节理所当然被淘汰出局。

说满话的人往往自相矛盾。我国古时候有个寓言故事就叫做《自相矛盾》，出自《韩非子·难一第三十六》。故事说楚国有个既卖矛又卖盾的人，他赞美自己的盾："我的盾很坚固，任何武器都无法刺破。"接着，他又夸起了他的矛："我的矛很锐利，没有什么东西是穿不透的。"有的人问他："如果拿你的矛去刺你的盾，会怎么样？"那人便答不上话来了。什么都刺不破的盾和什么都刺得破的矛，是不可能同时存在的。真是夸口容易、圆谎难。假如他说："我的盾一般的矛刺不破，我的矛可以刺破大多数的盾。"逻辑上就无懈可击了！说话喜欢用"反正""绝对"等词语的人，往往别人举一个反例便可将他之前的话轻松攻破了。

建筑工人都知道，在建房子的时候，要在需要的地方恰到好处地留一点空间，从而避免出现拉裂或者挤压变形，以不太完美的形式达到完美的境界。其实，我们在为人处世方面也是这样，留一点余地，也就是为自己留一条后路。话不说死，就是让我们在评论一个人、讲述一件事、发表某种意见的时候，应当实事求是、留有余地地去说。切勿只受情绪的支配，喜欢起来，什么都好；讨厌起来，又觉得一无是处。

日常生活中，常常会出现一个群体对另一个群体做出评价的情况，比如男人对女人评价或是女人对男人评价时，话如果说得太满，往往会一篙子打翻一船人。其实，我们又何尝不知道，某个男人的不是，未必就是所有男人的不是；某个女人的问题，未必就是所有女人身上存在的问题。

俗话说："十年河东，十年河西。"要知道，世事复杂，又时刻处于变化之中，好的能变成坏的，有利的也能变成不利的，而且我们意料之外的各种情况，也随时可能发生。话说死了，就是搬石头砸自己的脚，留给别人的印象，也肯定是过于唐突和随便，难以担当大任。

5. 话说三分留七分，对谁都不必和盘托出

古话有云:“逢人只说三句话，未可全抛一片心。”古人的意思很明白，让我们不要把心里的话全部说出来，最好是十分话说三分，留住七分放心中。老祖宗们为什么这样教导我们呢？难道对人实心实意地掏出一片真心，说出心里话有什么不好吗？

其实，这是一种做人的智慧和说话的技巧，老祖宗让我们如此有所保留地说话，实际上就是为了自身安全。我们传承的是儒家文化，明哲保身乃中庸之道。孔子曰：“不得其人而言，谓之失言。”在尚未弄清对方的想法和立场的情况下，就向对方毫无保留地托出一片真情实感，把自己赤裸裸地暴露在对方面前，你的坦诚和率真或许会博得称赞，但做法却有欠妥当。要知道，很多人就是这样被那些工于心计的人利用的，反过来再伤害到自己，这就是祸从口出了。尤其是人在职场，面对谈判对手，更需要谨言慎行。沉默是金，雄辩是银，把握住心里的底线，有牌一张一张地慢慢出，有话一句一句地慢慢说，保住底牌不要被人翻出，留住心里话不要和盘托出。这样你才能等到合适的机会主动出击，一旦过早地把自己的底牌暴露，商场如战场，很可能全盘皆输!

在平时的人际交往中，我们也必须注意自己的言行。就算再亲近的朋友，说话时仍然不能口无遮拦、毫无保留。比如，你不巧碰到一对男女在歌厅K歌，而那女的正是你朋友的老婆。敢于为朋友两肋插刀的你当然要义不

容辞地把看到的一幕告诉朋友，关心他的后院是否起火，而结果呢，是朋友派老婆去公关，人家夫妻是合谋好的。这下可好，你那朋友本想悄悄地进行的事情，被你“好心”暴露了，你说人家是感激你呢，还是心里暗暗对你咬牙呢？如果你真的想告诉朋友，在你没搞清状况的情况下应该含蓄地或半开玩笑地提醒他：“昨天晚上我在歌厅听到一女的唱歌，那么悦耳动听，太像嫂夫人的声音了，那男的声音要是像你的话，我就冲进去做听众了，可惜，他是一副破嗓子。昨晚应该不是你们吧？”

你瞧瞧，这样有所保留地讲话，不要把自己看到听到的全部讲出来，既给朋友留了面子和台阶，又保护了自己。万一朋友家后院真的起火了，聪明的他内心里还得感激你的有效暗示。

如果说坦率和真诚是美德，那么适当的保留和沉默就是道德。

作为一名医生，他有责任对病人毫无保留地告知病情。而作为一名有职业修养的医生，他可以选择什么时候和什么情况下对病人告知实情。如果对一个承受不了打击的病人说出他行将就木，不是加速了他的病情恶化吗？

作为一名职场人士，保守商业秘密、维护公司利益也需要我们三缄其口。该说的说，不该说的坚决不能说。在与商业伙伴应酬的时候，谈到公司业务，要三思而后行，出言谨慎。为了不冷场，你可以滔滔不绝地上谈天文，下聊地理，甚至来段明星绯闻都不打紧，你讲得淋漓尽致，听者听得兴致盎然，大家皆大欢喜，即便业务没谈成，也不会暴露公司商业机密，不会给自己招来麻烦。

有人说，一个人如果经常在这样的环境下行事，日子长了，就会变得老奸巨滑起来。自身倒是安全了，却不再真诚待人，因此也失去了一些美好的品德，甚至失去最真心的朋友。其实，不要说最真心的朋友，就是对自己最亲的父母，有时，我们说话都得有所保留。即使是对自己挚爱的人，也不能“十话十说”，面对爱人越来越苍老的面容和为岁月流逝而忧愁的神情，我们却微笑着赞美道：“嗯，还好，这几十年你都没怎么老。”善意的谎言，

换来的是对方灿烂无比的好心情，我们又何乐而不为呢？

懂得为人处世的人，他拥有的不只是做人的智慧，还有说话的智慧。语言圆滑不是缺点，有所保留也不是保守，大智之人以沉默为心声，聪明之人点到为止。在适当的时候，我们能做到说三分，留七分，便是有德之人了。

坦率真诚，快人快语，言无不尽，这本是一个人的美好品德，但是我们的坦诚和言无不尽极有可能被别有用心的人所利用，给我们造成伤害，所以我们不得不防。逢人只说三句话，未可全抛一片心，这是一种做人的智慧，话说三分留七分，不必跟对方和盘托出，而且要说什么话，也得因人而异，以防祸从口出。

如果对方不是可以尽言的人，那么你说三分话已经不少了，对方若不是你深交的朋友，你也畅所欲言，以快一时，想想对方的反应会如何呢？你说的话是属于你自己的事情，对方愿意听吗？彼此关系浅薄，你对他深谈，则显得你没有修养；如果话题是关于对方的，而你又不是他的密友，你和他深谈，便显得你太冒昧；如果你的话题是涉及他人的，对方的立场你并不明白，对方的主张你也不清楚，而你偏直言不讳，那么往往容易得罪人。

所以“逢人只说三分话”，不是不能说，而是没有必要说的话题就不要说。某些会做人的朋友，说话圆滑而又保守，没必要说的则不说，这绝不是对方不诚实，更不是对方狡猾，而是做人做事的一种技巧。

说话有三种限制：一是人，二是地，三是时。非其人不说；非其时，虽得其人，也不必说；得其人，得其时，而不是说话之地，仍然不要说。也就是说，若对方并非适合说话的人，你跟他说三分话已是太多；对方是谈话的理想对象，但此地却不是说话的理想地方，你说三分话，便已经给对方一个暗示，然后便需细心观察其反应；谈话的对象、时机都很理想，但谈话的场合却不理想，此时你说三分话，正好引起对方的注意，如果有必要的话，不妨找一个地方详谈，这才是真正明智之举。

然而，现实生活里总有那么一些人心里是藏不住话的，偶尔听到什么，看到什么，就立刻去四处传播，唯恐天下人不知。我们有句俗话："病从口入，祸从口出。"许多是非往往就是因为这种人多嘴造成的。

6. 动什么别动隐私，流言止于智者

李想和陈佳在同一家公司工作，是工作上的好搭档，私下里两个人的关系也很好，李想结婚之后，确知自己怀孕时，最先就与陈佳分享了这个喜讯。可没想到，就在李想怀孕刚刚两个月的时候，她们所在的公司因管理不善倒闭了，两个人只得一起重新找工作。李想从报上得知一家公司正在招聘，她便约了陈佳同去面试。当时负责招聘的部门主管听说她们是旧同事时，还用奇怪的眼光看了她们一眼。第二天，李想就接到了那个主管的电话，要她去上班，她高兴地打电话告诉了陈佳。可是，等李想去报到时，主管却问她："你是不是已经怀孕了？"李想一愣，心想：主管是怎么知道的？主管接着说："我们只需要一个人，本来决定让你来的，可是昨天你那个同事打电话告诉我你怀孕的事情。现在，我只能向你说声抱歉，我不想我的人进来半年就要休产假。"李想这才知道原来陈佳在背后搞了小动作，心里涌起一股难言的情绪，说不清是愤怒还是悲哀。那位主管接着说："我当时就奇怪你们俩怎么同时来应聘，要知道这是竞争啊！"竞争是残酷的，与人分享自己的"隐私"就相当于授人以柄，当时可能风平浪静，但说不定在哪个时候你的"隐私"就会变成别人攻击你的武器。

从心理上来讲，女性似乎比男性更容易向别人敞开心扉，也更容易在短时间内接纳一个人，并把对方当作好朋友。这一点在人际交往中，固然是利好的，但在职场上，却并不是一个优点。因为职场涉及个人的利益关系，一

旦人的私心占了上风，就会拿你的隐私作为击败你的武器。很多女性总是喜欢毫不设防地向别人倾诉自己的一些秘密，甚至末了还不忘叮嘱一句“你可要替我保密啊”。可是，职场毕竟不同于其他场合，既然你们是同事，就有发生利益冲突的可能，而为了争取有利位置，你的同事就有可能出卖你的隐私。因此，当你向同事倾诉衷肠时，需要先考虑一下倾诉可能带来的后果。嘴毕竟长在别人身上，以后的事情谁也无法预料。

内心有烦恼、积怨、痛苦、委屈，虽需要找人诉说，但不能随便在不太熟悉的人面前倾诉。一是对方可能没有多大兴趣；二是不了解你的实际情况，很难产生同情心；三是可能误解你本身有毛病、有缺点，所以才有这么多的麻烦。若你的发泄招致对方的厌烦，就极为不妙了。所以，要保持心理上的镇定，有效地控制住自己，力争同任何人的谈话都有实际意义。

任何一个人在心灵深处都有隐私，都有一块不希望被人侵犯的领地。现代人极为强调隐私权。朋友出于信任，把内心的秘密告诉你，这是你的荣幸。但是你若不能保守秘密，则会使朋友伤心，同事怨恨。隐私是人的心灵深处最敏感、最易激怒、最易刺痛的角落。无论是当面还是在背后都应回避这样的话题。

尤其是在办公室里，个人更要保护好自己的隐私，办公室里的流言往往会产生于自己聊天时的一句不经意的话，而办公室的流言往往会影响到自己的情绪。对办公室流言，有些人听了一笑了之，有些人却为此心中不安，甚至神经衰弱彻夜难眠。

对于成绩优秀的办公室职员来说，难免会惹流言上身，这是因为优秀与平庸如影随形，相伴相生，优秀者总难免受大部分平庸者的打击和排挤，而流言正是平庸者惯用的伎俩之一，一试见效，屡试不爽。那么如何从容应对办公室流言呢？

（1）保持镇定。切忌在流言面前暴跳如雷，大吵大闹，那样非但于事无补，还会给上司留下一个遇事急躁、不够沉稳的坏印象。流言绝非空穴来风，静下心来寻找一下源头，寻求解决之道。谨记，在流言面前保持微笑，

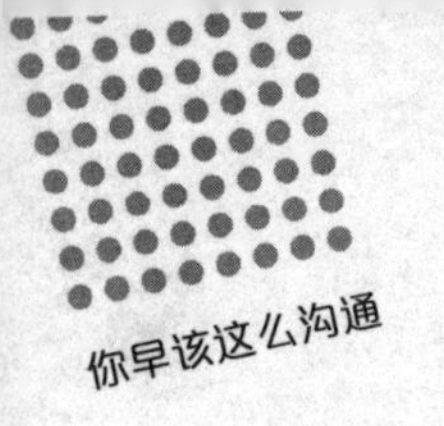

冷静对待，要比捶胸顿足、泪雨滂沱好得多。

（2）寻求支持。单枪匹马笑对流言，虽说显示了为人坦荡的一面，但毕竟会让自己陷入孤立无援的境地。主动出击，寻求支持，争取绝大多数的同盟，才是彻底战胜流言之道。需要指出的是，除了积极主动寻求上级支持外，向下寻求支援也极为重要。上司在流言面前总会以下属意见为参考，下属意见有时会起到颇为关键的作用。

（3）反省自身。“苍蝇不叮无缝的蛋”，流言的出笼是否真的与自己哪方面做得不妥有关？如真的是自己哪方面思虑不周，做得不到位，不妨当面认错并改正，求得公众的谅解与支持，让流言降温或熄火。

（4）攻其破绽。扎紧了自家的篱笆后，接下来就可以主动出击、驱赶流言了。流言最怕真理和阳光，摆出事实，敞开大门说话，就会给流言以致命一击。

（5）舍弃小利。不可否认，所有流言或多或少与“利”字挂钩，难以分开，如果你舍弃小“利”或置身“利”外，则可有效回避流言。当然，这里的舍弃是有效舍弃，是以退为进，否则就中了造谣者的圈套，自己也得不偿失。

7. 丢什么不丢面子，切莫“痛”言无忌

《论语·雍也》中说：“质胜文则野，文胜质则史，文质彬彬，然后君子。”从个人修养的角度来理解，“质”是指质朴的品质，“文”则是指文化修养。那么，“质胜文则野”就是指一个人没有文化修养就会很粗俗；“文胜质则史”就是指一个人过于文雅就会过分拘泥于繁文缛节，显得虚浮、不切实际。所以要“文质彬彬”，既要有文化修养，又不要迷失了本性，只有这样，才能够称得上是真正的君子。

由此可见，“文”和“质”的比例恰到好处，方能称得上君子。然而，要想完美地平衡“文”和“质”却绝非易事。

北宋时期，丁谓任中书官职时，对寇准非常恭谨。有一次，在一场宴席上，寇准不小心把汤汁沾到了胡子上，丁谓赶紧起来慢慢替他擦干净。可是谁也没想到，寇准非但不领情，还讽刺地说：“你身为国家大臣，就是替人擦胡须的吗？”寇准的讽刺令丁谓在众人面前十分尴尬。自宴会后，丁谓便开始记恨寇准，他全力诋毁他，并和王钦若、曹利用等同样受过寇准的漫骂、讽刺、挖苦的大臣结成同盟，共同对付寇准，经常在皇帝面前说寇准的坏话。最后，就连皇帝也觉得寇准不会说话，对他心生不满了。寇准的政治生命随之结束，他一而再，再而三被流放，直至客死雷州。

寇准是一位全心全意为国为民的清官，处理国家大事更是游刃有余，但他说话时口无遮拦、不留情面，因此与性格不合、政见不同的官员相处时，他由于不会说话屡屡得罪人，吃尽了苦头。

现实生活中也有很多这样的人，他们心直口快，总是无意中伤害别人，让别人下不了台，自己却浑然不觉。

有这样一则笑话：

一位体态略胖的姑娘进了一家服装店，售货小姐迎过来对她说："大娘，你也太肥了，我们这里可没有你可以穿的衣服。"

这位姑娘正想要反驳的时候，售货小姐又加了一句："其实老了还是胖一点好。"

这位姑娘气得不知如何发作才好，此时老板娘从后面走了出来，姑娘马上告状道："我今天是招谁惹谁了，怎么才进店，就被你们的店员说我又胖又老？"

老板娘很不好意思，赶紧赔不是，说："我们这店员是从乡下来的，没文化，不会说奉承话，总是爱说大实话，回去我一定好好批评她。"姑娘听了这两个人的话气得简直要发疯了，气冲冲地离店而去。

对此，有的人觉得说话直来直去的人其实本身并没有恶意，如此心直口快，也是真性情的表现。但是，不顾及对方的感受，一味由着自己的性子说"大实话"绝非明智之举。过于直白的话语有时候就像一把利剑，很可能会刺痛对方的自尊心，造成心理上的伤害。

社会交往中，人与人之间的关系是一种很微妙的"化学反应"，也许一句不经意的话就能让你和对方的关系拉近，或者恶化。变好变坏，关键是看你说的话是否符合对方的心意。所以，说话之前一定要"三思而后说"，要斟酌所说的话会不会让别人没面子，会不会伤害到别人，切忌"痛"言无忌，千万不要因为利剑般的言语而伤人伤己。

8. 不要话中带刺：任何人都可以简单做到

（A=男性上司，B=男性下属）

A：“为什么老是迟到！”

B：“对不起，我会反省改过。”

A：“可我看不出你有任何反省的样子。还有，你总该记得把文件带来吧？”

B：“啊，糟糕！一时忘了……”

A：“真是不敢相信。只有最差劲的上班族才会出这种纰漏。你这个人完全派不上一点用场。”

B：“我马上去拿。”

A：“你怎么每次都在浪费时间？你就是因为老搞这种事情，才会被大家看不起。”

在上司A与下属B的这段谈话中，A不经意间频频抛出极端用语，“老是迟到”“完全派不上一点用场”……这些话必然刺痛了B。现实生活中也不乏这样的例子，当对方重复犯了两三次同样的错误时，我们可能会当面怒吼“你老是犯同样的错误”，这时使用的“老是”就是所谓的“极端用语”，也就是说将“两三次”这个事实，用“老是”来极端地表现。

“极端用语”就是我们平常对话中的“尖刺”，要想拔去刺，首先得去除“极端用语”中的“刺”。

为什么我们总会习惯性地使用“极端用语”呢？那是因为我们觉得自己

想传达的意思无法如实传达给对方，因而产生了无力感。

现在的年轻人说话时，往往会用到“极端用语”。例如“超”“烂到极点”等，任何一个时代，年轻人都会自行创造出许多方便的用语，只要冠上这些用语，就可以强调自己的想法。

之所以会这样，一方面是因为年轻的时候，我们都希望同伴能了解自己的感受，但另一方面，这也代表年轻人使用的词汇不够丰富。随着年龄增长，懂得的词汇变得丰富，不但会强调自己想传达的意思，在表达的方式上也会更下功夫。

但是，即使是成年人，有时候还是会忘记这件事，忍不住大量使用“极端用语”，通常都是在斥责或抱怨他人的时候。

刻意话中带刺是因为觉得对方没有接收到你的想法。当我们在斥责或抱怨他人的时候，会比平常更在意对方是否确实把我们的话听进去。此时我们要求得到的反应是“我明白了，以后我会小心，绝对不会再犯同样的错误”等。

遗憾的是，大部分的场合，对方不会给我们这样的反应，通常是一副令人搞不懂有没有听懂的暧昧态度，有时甚至看起来像左耳进右耳出一样。结果，我们就会变本加厉，说话更加夹枪带棍，说出来的每一句话都可能刺伤对方。

然而，使用“极端用语”其实反而更难深入对方的内心。

举例来说，如果我们责怪经常迟到的人“为什么老是迟到呢”，对方的内心一定会产生反弹：“哪有‘老是’迟到，前天我明明就没有迟到。”

若你此时留意到对方的不服气，再补上一句“看不出你有任何反省的样子”，对方的心里肯定会更不服，想着“我都努力反省，尽量不让自己迟到了，竟然得不到一点点认同，那努力不迟到又有什么意义？”事实上并没有达到极端的地步，却遭到别人用“极端用语”责骂时，一般人自然而然就会反驳“明明没有这回事”，并且产生反感。结果，反而不能让犯错的人产生

反省的自觉。不但如此，对方还会因为“受到不当的责骂”而感到受伤，反而更听不进我们说的话。

当我们拿着尖刺往对方的心上刺，对方就会产生“谁要为这种人做事啊”的反弹心态，反而只会做出一些陷你于困境的事。

为了避免自己话中的刺刺伤别人，我们要尽量试着避免使用“极端用语”，方法并不难。

（1）复述对方的话。

复述内容非但不会浪费时间，反而可以节省时间。

在会议进行当中，如果会议主持者在每次有人发言时就一一复述“您的意思就是……吧？”会议就可以进行得非常顺利。此举看似浪费时间，却可以让发言者感到满足，有助于议事的顺利推进。

一有人发言就立刻针对问题进行回答，或者在对方发言途中急着辩解“不，不是这样的”，打断发言者的话，会议很容易会产生纠纷。重点是要正确理解对方发言的内容，提出明确的回答。若发言者无法获得满足，就很难寄望他能成为议事顺利进行的助力。

（2）不要为了赞誉某件事而否定另一件事！

为了吹捧A而贬低B或C，是极不明智的。

当我们想称赞A牌啤酒可口时，只要说“A牌啤酒很好喝”就可以了，但似乎有意犹未尽的感觉。因为B牌或C牌啤酒也同样好喝，甚至更美味。这时只有贬低其他东西，才能明确地凸显A牌啤酒是最好的，例如“B牌和C牌啤酒不好喝，A牌啤酒最可口。”

如果我们只单纯地评论“A牌啤酒很可口”，应该就不会得罪其他人，万一我们说“B牌或C牌啤酒不好喝”，就会让喜欢B牌和C牌啤酒的人感觉不舒服，甚至还会有人解读为自己的品味遭到贬低。

（3）称赞不会引发争吵，贬低却会成为导火线。

当我们听到有人说“M表现得很好”时，即便心中质疑“咦，是吗？”通常都还是会接受这种说法，心想“原来也有人喜欢这种调调啊”。

但是，如果认同的情绪太过强烈，除了吹捧事物本身，连带也贬低了其他事物“一概不够看”，这样的言语就会变成一根刺，刺往他人身上。

因为被你贬抑的事物还是会有人喜爱。如此一来，你不但影响到别人的情绪，还会造成他人产生“跟这个人话不投机半句多”的想法，也许还会演变成一场纠纷。

其实你本来的目的应该只是想称赞M，贬抑N不过是补强的手段而已，却往往因为贬低N而让别人产生不快，甚至引起人际关系上的问题。再也没有任何事比这样的情况更让人扼腕的了。

当我们想称赞某件事物时，只要针对目标赞誉即可，千万不要加上否定其他事物的言论，例如“N根本不能相提并论”之类的，这是不必要的尖刺。

人们很容易在不知不觉中犯下这种错误，请务必要多注意。

第十二章

说什么，如何说：超级演说家这样教你当众讲话

演讲中打动他人的灵招妙法是“感人心者，莫先乎情”。演讲既是信息的传递，也是情感的交流，以情动人是演讲成功的关键因素之一。

1. 语不惊人死不休——吊胃口的开场白技巧

1985年，冯骥才应邀到美国做演讲。他的开场白新颖独特、构思奇巧，让人赞叹。演讲即将开始，大厅里座无虚席、鸦雀无声。主持人向听众介绍说："冯先生不仅是作家，而且还是画家，以前还是职业运动员。"简短介绍完毕，大厅里一片寂静，只等这位来自中国的作家开讲。

这时，冯骥才也十分紧张，因为美国人参加这类活动是极其严肃认真的，必定是西装革履，穿得整整齐齐。对演讲者要求很高，必须是口若悬河、机智敏锐，而且要幽默诙谐，否则他们就不买你的账，甚至会纷纷退场，让你下不了台。这台戏不好唱啊!

只见冯骥才沉默了片刻，当着大家的面，把西服上衣脱了下来，又把领带解了下来，最后竟然把毛背心也脱了下来。听众都愣了，不知他葫芦里卖的是什么药。大厅里静得连掉根针都听得见。略停了一会儿，冯骥才开口缓缓说道："刚才主持人向诸位介绍了我是职业运动员出身，这倒引发了我的职业病。运动员临上场前都要脱衣服的，我今天要把会场当作篮球场，给诸位卖卖力气。"独具一格的开场白，引得全场听众大笑，掌声雷动。

开场后，冯骥才制造了一个悬念，他并不急着演讲，而是从容不迫地脱起了衣服，如此出人意料的举动，让听众大惑不解。吊足了听众的胃口后，冯骥才不露声色地说出开场白，幽默地抖出"包袱"，寥寥数语就让听众恍然大悟：原来他刚才的所作所为都是铺垫与烘托，他是接着主持人介绍自己曾是职业运动员的话头，来了个"借梯登楼"，"运动员临上场前都要脱衣

服的”，所以他也“照葫芦画瓢”脱衣服为演讲做准备。这样别开生面、幽默生动的开场白，令人耳目一新，吸引了美国听众的注意力，收到了“此言一出，举座皆欢”的艺术效果。

开头要抓住听众、引人入胜，这一点在演讲中处于显要的地位，具有重要的作用。如何让自己的演讲开场白语不惊人死不休，把听众的注意力吸引过来，达到出奇制胜的效果呢？以下介绍几种开场白的组织技巧：

（1）开门见山。所谓开门见山，就是直接提示演讲的中心，不讲多余的话，这样的开头，使听众一听就知道演讲的中心是什么，注意力马上就集中在演讲上。

1941年7月3日，斯大林广播演说的开头：“希特勒德国从6月22日向我们祖国发动的背信弃义的军事进攻，正在继续着。虽然红军进行了英勇的抵抗，虽然敌人的精锐师团和他们的精锐空军部队已被击溃，被埋葬在战场上，但是敌人又从前线调来了生力军，继续向前闯进。……我们的祖国面临着严重的危险。”

这种开头不绕弯子，直奔主题，开宗明义地提出自己的观点。开头向听众报告一些新发生的事实，比较容易引起人们的注意，吸引听众倾听。

（2）介绍情况，说明根由。这种开头可以迅速缩短与听众的距离，使听众急于了解下文。

“每11分钟就有一个美国人死于这种病。这个数量是死于谋杀犯罪案人数的两倍。今年有4.6万人死于这种病，而8年越南战争的死亡人数也不过是这个数字。在近十年里，美国人死于这种病的人数是死于艾滋病13.3万人数的三倍。这种病将使你我和其他美国人今年在医疗费用上花费掉超过60亿美元，并失去劳动能力，更不用说我们所遭受到的生命损失了。我所说的患乳腺癌这种疾病的浪潮可能会直接袭击我们在座的每一个人。”

南达科他州北部州立大学的希瑟·拉森在撰写她的演讲稿《逆流而行》时，运用了一系列惊人之语，迅速地把她的听众吸引了过来。像这样，给观众描绘一个异乎寻常的场面，透露一连串触目惊心的数据，或者绘声绘色地

描述一个耸人听闻的话题，此时听众不仅会蓦然凝神，还会侧耳细听，更多地寻求讲话内容，探询演讲的原因。

听众对平庸普通的论调都不屑一顾，置若罔闻。倘若发人未见，用别人意想不到的见解引出话题，造成“此言一出，举座皆惊”的艺术效果，定会立即震撼听众，使他们急不可耐地听下去，这样就能达到吸引听众的目的。

（3）从日常生活或切身体会入手。可以借助某事件、某比喻、个人经历或一段笑话，唤起听众的注意，同时使它成为与话题有关的媒介，或与演讲的主要内容衔接起来的因素。

1990年，中央电视台邀请台湾地区著名歌手凌峰参加春节联欢晚会。当时，许多观众对“凌峰”这个名字还很陌生，可当他说完那番妙不可言的开场白后，就一下子被观众认同并受到了热烈欢迎。凌峰说：“在下凌峰，我和文章（台湾歌手）不同，虽然我们都获得过‘金钟奖’和‘最佳男歌星’称号，但我是以长得难看而出名的。……一般来说，女观众对我的印象不太好，她们认为我是人比黄花瘦，脸比煤炭黑。”这一番话嬉而不谑、妙趣横生，令观众捧腹大笑。这段开场白给人们留下了非常坦诚、风趣幽默的良好印象。不久，在“金话筒之夜”文艺晚会上，只见凌峰满脸笑容，对观众说：“很高兴又见到了你们，很不幸又见到了我。”观众报以热烈的掌声。至此，凌峰的名字就传遍了祖国大地。

（4）用提问激发听众的思考。这种方法是根据听众的特点和演讲的内容，提出一些激发听众思考的问题，以引起听众的注意。

一位学生在发表名为《走出误区，实现价值》的演讲时这样开头：

“同学们，当前我们大学生求职出现了前所未有的困难，原因是什么呢？是我们国家的人才太多了吗？是我们学的东西过时了吗？还是我们眼光不再符合社会需求了呢？面对这么多的问题，我们这些即将走出校门的大学生又如何应对这一现象呢？”

通过提问，引导听众思考一个问题，并由此造成一个悬念，引起听众欲知答案的期待。激发了听众的思考，引起听众的注意。

2. 吊胃口的技巧——让听众欲罢不能

刚才有一个人来办公室找我，商谈有关上周替他安装的电器的事情，因为那台电器显然质量欠佳，他很生气。我告诉他，我们一定负责维修好，他的怒气才稍稍缓和下来，因为他了解了我们公司会尽力帮助他。

同样的一件事情我们也可以选择下面这种叙述方式：

上周二，我办公室的大门忽然被人一脚踢开，我吃惊地抬头一看，原来是顾客杰克，他怒气冲冲地向我走来。我还来不及请他坐下来喝杯茶，他就咆哮如雷地吼道："汤姆，我警告你，这是最后通牒，请你赶快派车拉回那台洗衣机。"

我问他："到底是怎么回事？"

"太不像话了，你们的破机器，"他又开始大声吼叫，"衣服一放进去就被绞在一起，我的太太也总觉得倒霉，直唠叨我不会买东西。"他愤怒地敲着桌子，水杯都被震落到地上了。

如此叙述顾客的神态和言谈举止，真是活灵活现。而相比之下，第一种叙述方式是何等的抽象，区别就在于人名的有无、细节的描述是否具体、采没采用对话这一手法。

虽然演说不一定都要插入对话，但在某些具有情节和冲突的事例中，直接引用对话，会产生生动的效果。如果演说者有模仿的能力，改变一下腔调，会更有情感。使用对话可以增加亲切感和真实性，使听众仿佛是和演说

者同在一张桌子上用餐一样，不会感到枯燥乏味。

吸引听众的注意力，让听众欲罢不能，除了上面例子中直接把对话引入演讲中，添加演讲的生动效果之外，还有以下几种方法：

（1）使用真实姓名。

在公共场合，特别在演讲中，许多人都特别忌讳使用真实姓名。这些人都没有意识到使用真实姓名的必要性。尽力将事件中涉及的主要人物的姓名和职务说出，如果不方便说出，也可用假名来代替，例如，张三、李四等普遍且没有个性的名字，这比代词的效果要好得多。

有名字就容易有所区别，也会形成有个性的真实印象。杜路夫利西说：“有名字的故事最具有真实性，隐名是非真实性的作风。想想看，读一本没有任何主角名字的小说，会有怎样的感受？”

（2）编入听众关心的事情。

经验证明：与听众切身相关的事物必定能使听众全神贯注，演讲者借此也一定能将自己的意识顺利传达给听众。

演讲者的成功正是在于他明确听众听讲的目的，即听众期望你能提供解决难题的知识、态度和方法。如此，你才会寻找到听众的真正疑惑和需求，也才能有的放矢地演说。如果你是位会计师，你可以谈有关申报所得税的最简易方法；如果你是位律师，则不妨教听众如何写有关法律的文件，这些话题都是你专业范围的知识，因此你有权威性的发表权，听众也会大受裨益。

作为演讲者，抓住与听众息息相关的话题，听众才能对你有热切的期望。如果心中没有听众，仅以自我为中心，听众就会感到事不关己，而产生看表、张望等不耐烦的动作和表情。

（3）使用具体、亲切的语言。

实际上，但凡能引起听众听讲欲望的演说者，都善于在形象化的修辞上下功夫，而不是塑造模糊、乏味的形象。

我国古代的成语和谚语很富有形象色彩，如“倾盆大雨”“双鸟在林，

不如一鸟在手”等。又如一些生动形象的比喻，“像狐狸般狡猾”“像图钉一样无声地钉下”“像煎饼一样扁平”“像岩石一样坚硬”等。

《文体要素》的作者威廉·S·朱利亚说：“学过作文技巧的人，如果说有什么一致看法的话，那就是详细、明确、具体地描写情节，才能吸引读者。”

法国哲学家亚洛说：“抽象的概念不论在任何情况下都不符合文章需要，你应当多多使用桌子、椅子、石头、金属、动物、男人、女人等具体事物来充实文章。”

（4）给出正确诚恳的评价。

伟大的演讲家琼斯德比认为：“你说的应该是听众想不到，而你居然知道的事。”

听众是由一群个体组成的，他们会从各自的立场出发对演说产生反应，如果你不尊重他们，听众就会愤怒。所以，如果听众有值得称赞的表现，就应不失时机地予以肯定，这样一来，就等于拿到了自由出入听众心理的通行证了。当然，赞扬有赞扬的技巧，否则弄巧成拙，过分奉承也会使人产生逆反心理。

3. 你的热情，可以让听众热血沸腾

有一次，一所大学举行演讲比赛。参加比赛的大学生约有六七名，每个人都受过良好的训练，并且准备在当天好好表现一番。但是，他们的全部精力都用于赢得那面奖牌，却忽略了真正去说服听众。他们所选择的题目显然并非个人的兴趣，而是基于演讲技巧的发挥。因此一系列的谈话过程不过是演讲艺术的操练而已。

只有一位来自乡下的孩子是个例外。他演讲的题目是《土地对人类的贡献》。他所讲的每个字都充满强烈的感情，而不仅是演讲技术的操练。他所讲的都是活生生的事实，完全出自内心的信念和热忱。他好像成了农民的代表，为自己的土地发言。由于他的智慧、高尚品格和善良的心意，他向听众传达了那块土地上的人民的希望并祈求人们的了解。

最终这个乡下孩子赢得了奖牌。虽然他在演讲技巧上还不能跟其他人相比，但由于他的谈话充满了真诚，燃烧着真实的火焰。相比之下，其他人的演讲都只不过是煤气炉微弱的火苗而已，真是天壤之别！

假如演讲人在介绍自己的观念时能更加富有感情，并把自己的热忱传递给听众，通常是不会引起对立看法的。这种热忱会把一切否定和对立的观念扫除。假如你的目标是说服听众，一般地，鼓励大家的情绪要比引发思考有用得多。情绪要比冷静的思维更具威力。要想把群众的情绪鼓动起来，演讲者必须把自己的热情传递给听众。无论演讲者的演讲是否虚构，无论演讲的内容是否东拼西凑，无论演讲者的声音与手势是否运用得当，假如演讲者

讲得不够真诚，一切就都显得空洞而虚有其表。如果演讲者想给听众留下一个好的印象，那他必须先给他人留下好印象。演讲者的精神通过眼睛发出光芒，通过声音释放热情，也经由一举一动展现自己，与听众直接沟通。

每次演讲者开口讲话，而且目的是要说服对方，则演讲的所有表现都会影响对方的态度。假如演讲者表现得不起劲，那么你的听众也不会起劲；假如演讲者的态度随便或不够包容，那么听众也会如此。亨利·华德·毕齐尔曾说过："假如教徒在听到的时候睡着了，只有一样事情可以做——给教堂管理员一根尖细的木棒，要他马上给传道人戳上一记。"

使用热情的语言满足听众的心理需求，让听众感受到你的热情，提高演讲刺激的强度，加大演讲语言的力度，并且敢于标新立异，这样的演讲一定是成功的演讲。

首先，投入自我感情，拉近演讲者和听众的心理距离。

1945年，时任美国总统的杜鲁门在日本宣布无条件投降后，发表了一篇广播演说。在演说中，杜鲁门首先把人们的注意力集中到了日本签署无条件投降的美军军舰"密苏里"号上，接着又回顾了四年前的珍珠港事件，让所有美国人的心都为之跳动，在缅怀亲人的同时，阐明这是自由对暴政的胜利，并认定胜利后的明天将是全世界和平与繁荣的希望。整篇演讲起伏有致，既肯定了民族的精神与意志，又让人民对明天充满必胜的信心。

在演讲稿中，按照演讲内容需要，有计划、有目的地选取一些自我感情的语言，绵延不断地"埋设"在演讲稿中，让它们像星星一样闪烁，像眼睛一样放射出睿智的光芒，拉近演讲者和听众的心理距离，满足听众的心理需要。但要讲求顺理成章、水到渠成，千万不能不顾对象，故弄玄虚，刻意求工。

其次，提高演讲刺激强度，加强演讲语言力度。

印度著名诗人泰戈尔在清华大学的一次演讲开头就说："我的年轻的朋友，我眼看着你们年轻的面目，闪亮着聪明与诚恳的志趣，但是我们的中间却是隔着年岁的距离。我已经到了黄昏的海边，你们远远地站在那日出的家

乡。”相对陌生而又清新雅致的诗句从诗人的口中缓缓流出，哪一个青年能不为之动情动容，继而为他的妙语连珠所吸引？他由此升华上去的保持纯净灵魂和自由精神的演讲自然就异常深入人心。

心理学研究表明，人们最容易记住对自己有重大影响、对自己有利的、自己主观愿意记住的或给予自己重大刺激的信息。听众对演讲反应强弱，或者说演讲对听众兴奋程度的影响，在一定程度上取决于演讲语言的强度。演讲语言的强度主要取决于演讲者对演讲内容的熟悉程度、对事物的感悟程度、对问题分析的透彻程度和现实立场的鲜明程度。演讲者要尽最大努力把问题讲得透彻、准确、鲜明，始终给听众一种压力感和责任感。

最后，酝酿感情，给听众留下掌声空间。

例如，闻一多《最后一次讲演》中的：“这是某集团的无耻，恰是李先生的光荣！李先生在昆明被暗杀，是李先生留给昆明的光荣！也是昆明人的光荣！”

掌声能够活跃会场气氛，给演讲者以“感情回报”，使之心情更加愉快，思维更加敏捷，也能使之更加认真投入。掌声的调剂会使演讲产生强烈的现场感染力，因此起草演讲稿时应有意识地给掌声留出一定的空间。这就需要在演讲稿中主动运用那些带有浓厚感情色彩、充满激情的语言，那些立场鲜明、见解独到、能够给听众以深刻启迪的语言和那些热情歌颂真善美、无情鞭挞假恶丑的语言。这些语言能让听众受到激励、鼓舞和启发，从而自发地鼓掌。

4. 演讲中的“魔法公式”——让听众如痴如醉

即兴演讲通常是在一定的场合下，演讲者事先并未准备，只是根据需要而进行的临时发言。因此，即兴演讲在思维的敏捷性、语言的逻辑性和口头表达的雄辩性方面都有更高的要求。即兴演讲也是我们口才培训中最难的一种，它要求我们要有一种“站着思考”的能力！

如何做好即兴演讲，避免因措手不及而陷入难堪的境地呢？

给大家分享美国演讲专家理查德总结的一个即兴演讲“四步曲”魔法公式。这四步是：

（1）喂，喂！

（2）为什么要浪费这个口舌？

（3）举例。

（4）怎么办？

第一步“喂，喂！”——提示我们必须首先要唤起听众的兴趣。

理查德认为，不要平铺直叙地开始演讲，如“今天，我要讲的内容是保障行人生命安全……”，最好这样开头：“在上星期四，特购的450具晶莹闪亮的棺材已运到了我们的城市……”理查德设计的这一开头语虽然不符合我们中国人的忌讳心理，但它无疑具有一种先声夺人的气势，它能激发听众之疑，使他们很想弄清事情的究竟。

“为什么要浪费这个口舌？”是第二步。

理查德表示，接下去应向听众讲明为什么应当听你演讲。若谈交通安

全问题，可这样讲："不讲交通安全，那订购的450具棺材也许在等待着我，等待着你，等待着我们的亲人。"理查德所讲述的"为什么"既联系着"我"（演讲者），又联系着"你"（听众），还联系着场外与你我有关系的千千万万的"亲人"，这就使所有的与会者不知不觉地成了他的"俘虏"，在心理上与他产生了共鸣。

紧接着的第三步为"举例"。

理查德说："比如谈交通安全问题，你若用活生生的事例来说明那些会使人们送命的潜在因素，远比只讲那些干巴巴的条文要好得多。事实上，演讲的传播媒介主要是口语，辅之以体态语。与书面语相比，口语和体态语在传达事例方面比传达条文更具有优势。特别是即兴演讲，我们更要注意在这方面扬长避短。"

"怎么办？"是最后一步。

理查德要求演讲者注意的是，这一步一定要告诉听众你谈了老半天是想让人家做些什么，最好能讲得生动一点、具体一点、实际一点。从根本上说，"怎么办"是演讲者的目的所在，如果演讲者忘记了这一步，或者这一步处理得不好，就会给听众留下无的放矢或不知所云的感觉。

理查德还认为，"为什么"和"举例"这两部分如同馅饼里的馅，味道全在这里面。但是，这两部分要与引人注意的"喂，喂！"和结尾的"怎么办？"相呼应。

掌握理查德的"四步曲"，能使我们在大庭广众之下泰然自若、有条不紊地陈述自己的观点，而不会陷入张口结舌、东扯西拉的窘境。

比如我们要演讲的主题是：为什么要懂点沟通心理学呢？

可以按以下步骤演讲：

（1）引起兴趣。

有个人刚刚失恋了，找到我这儿来说："甘老师，求求你给我个方法，我真的很爱她！但是，我口才不好啊。她嫌我不会讲话。"

（2）为什么？

为什么我们要懂沟通心理学呢？其实我们很多人因为不懂得沟通心理学，口才不好，导致错失了很多机会和朋友，造成了不可挽回的损失。而且，这样的错误还在继续着！

无论是对工作，对家庭，还是对交际，口才真是太重要了！

（3）举例。

事实上学好口才也很简单。比如刚才那位先生，参加了我的培训课程之后一个星期又找到了我，这次是带着他的女朋友过来的，他说："甘老师，感谢您带给我一生的幸福！"

更多的案例分享……

（4）怎么办？

你应该立即行动，不要逃避！行动才有结果！所以，我建议各位现在学点沟通心理学，把话说到听者的心里去，突破口才瓶颈……

5.“洗脑”真的很容易——演讲中打动他人的灵招妙法

演讲中打动他人的灵招妙法是“感人心者，莫先乎情”。演讲既是信息的传递，也是情感的交流，以情动人是演讲成功的关键因素之一。那么，大家在演讲中，如何用情感来打动听众、引起共鸣，让演讲更耐听呢？

（1）袒露心声，真情动人。

俗话说：言为心声。在演讲中，如果演讲者的话是出自内心，发自肺腑，有自己的真情实感，那么，听众的情感之弦就更加容易被拨动，演讲者和听众的共鸣就会更强烈，听众也就更加容易接受演讲者所表达的观点。2004年5月12日，在联合国教科文组织举办的“全球儿童论坛”上，安徽合肥市第38中学的一名身高仅1.2米的残疾少年姚跃以《做个普通人》为题，情深意切地讲道：

“今天，我们关注一切与儿童生存、教育等有关的问题，可是，有一群儿童却被人们忽视了。他们有的生活在黑暗中，有的生活在无声的世界里，有的就像我这样身高几乎可以忽略不计。因为自卑，更因为社会没有提供适合残疾儿童学习、生活的条件，许多儿童只能待在家里……

残疾不是不幸，只是不方便而已。普通人可以以一种普通的方式生活，正常地接受教育，可残疾人由于校园的无障碍设施不完善，总是被普通学校拒绝……呼吁世界给残疾人提供与普通人一样的平等环境，让残疾人做个普通人!”

姚跃的演讲获得了巨大成功，热烈的掌声经久不息。作为残疾少年，姚

跃用“他们有的生活在黑暗中，有的生活在无声的世界里，有的就像我这样身高几乎可以忽略不计”来讲述自己的生活，表达出自己最真实的感受，然后袒露心声“让我们做个普通人!”他在“全球儿童论坛”上，真切地为世界上所有的残疾儿童道出心声，其情其意，怎能不让人为之动容?

（2）适时评述，激情动人。

激情，是情感的瞬时爆发，是最能够打动听众、征服听众的。振华中学的王康同学在主题为“用心回报父母”的演讲中，这样讲道：

“今年六月，河南有一位母亲送儿子参加高考，因为天气炎热，一直在外等候的母亲中暑倒地被路人送到医院。经医生救治后，母亲醒了，她醒来的第一件事，竟是焦急地问护士：‘我儿子考得怎么样？’同学们，这位母亲令人感动，她心里牵挂的始终是儿子。因为关心儿子，而忽略了自己的一切，甚至是生命。这是一种多么伟大的母爱啊。可是，同学们，我们又有多少人是把父母放在第一位的呢？我们不少同学总是抱怨父母这样不好，那样不对，对父母的行为挑三拣四，横加指责；有的连自己父母的工作单位都不知道。想想看，父母为我们付出那么多精力和心血，而我们为自己的父母又做了什么呢？因此，我们现在要做的第一件事情，就是要用心回报养育我们的父母！”

王康同学在叙述了一位母亲送儿子高考昏倒的故事后，立即充满激情地进行了评述，指出当前中学生对待父母的不良现状，责问同学们是否也同样把父母放在了第一位，是否懂得父母的真心，是否用心回报过父母。其言辞铿锵有力，强烈地震撼着每一位听众的心。王康同学这一番满怀激情的评述，使同学们产生了强烈的心理共鸣。

（3）铺陈渲染，豪情动人。

在演讲中，利用铺陈渲染方法为演讲的主题“蓄势”，可以激起听众强烈的共鸣，把演讲推向高潮。尤其在表达理想、志向和成长感悟时，运用铺陈渲染更能收到节奏和谐、情绪激昂、语气磅礴的表达效果，给人一种积极向上、气势恢弘、壮志豪情的美感和震撼，更容易以豪迈的情感和气势征服

听众。请看扬子中学的张涛在《今年我十八岁》中的演讲：

“十八岁，我明白一个道理：花有开有落，人有离有合。十八岁，我记住那个道理：只有得失两忘的人，才会执着追求，风雨兼程；只有宠辱不惊的人，才能得失两忘，勇往直前。十八岁，我把那个道理刻在心里，坦然地面对成功和失败，坦然地面对眼泪和笑容，因为我们已经十八岁了。十八岁，这个火一样的年龄啊！失败和险阻又能将我奈何？

十八岁，我们脚踏大地，头顶青天；十八岁，我们仰望明月，追赶太阳；十八岁，我们不畏艰难，不畏险阻，敢踏出荆棘泥泞；十八岁，我们倾热血为江，以信心筑船，证明自己便是远方的航标灯。”

张涛同学的演讲语言生动，酣畅淋漓，豪情动人，其成功之处就在于，他一连运用了两组排比来铺陈渲染自己十八岁时的深刻见解和思想感情。第一组排比，从“十八岁，明白一个道理”“十八岁，记住那个道理”再到“十八岁，把那个道理刻在心里”，深刻、形象地表达出十八岁的人生感悟。同时，他又用“花开花落”“人离人合”“得失两忘”“宠辱不惊”进行铺陈渲染，真情表达了自己“十八岁，这个火一样的年龄啊！失败和险阻又能将我奈何？”的万丈豪情。第二组排比，用四个“十八岁，我们……”，用“天和地”“明月和太阳”“荆棘泥泞”“航标灯”进行铺陈渲染，更加淋漓尽致地表达了自己立足现实、不怕困难、勇往直前、不懈追求的奋斗精神和壮志豪情，给听众如何走好自己的人生之路以深深的启迪。

美国小说家维拉·凯瑟曾说：“热情是每个艺术家的秘诀。而演说家都应当是艺术家，这是一个公开的秘诀，十分有效。”总之，成功的演讲离不开“情”，情感在演讲中就像桥梁一样，联结着演讲者和听众的心。以“情”动人心，我们的演讲才更耐听！

6. 注意你的演讲对象，不要给狗吃胡萝卜

做一个成功的演讲者，你必须首先理解他人的期望，他们为什么会来听演讲，他们想从你这里听到什么？能够回答这些问题，那么无论你是在与人对话还是在5个或500个人面前演讲，有一条基本原则是放之四海而皆准的：了解你的听众。

谁是你的听众？在演讲之前，你要确认谁会出席、明确你与他们之间的关系、确定你与他们之间的共同点，同时，还要评价听众们在你的专业领域的渊博程度，评估他们对演讲题目的感兴趣程度，最后要准确指出在演讲过程中可能出现冲突的地方，要考虑任何可能影响你的演讲的特殊情况。

确认你的听众，是完成一次成功演讲的第一步，如果你是在一次内部会议上面对一群同事讲话，那么你在这一过程中就已经有了良好的开端。如果你是在一次行业集会上演讲，听众的组成就没那么确定了。而如果你应邀对另一个行业的人做客座演讲，你就需要进行调查，以了解听众的需求、观点和价值观。

杰夫·安塞尔说：“不要把注意力集中在听众是否赞同你上面。相反，他们是否感到迷惑呢？你所说的话中，有没有什么是需要作进一步扩展的？有太多人在演讲时把注意力集中在自己身上，在这种情况下，他们就无法与听众建立关键的联系了。”

演讲稿是讲给人听的，因此，演讲前首先要了解听众对象：了解他们的

思想状况、文化程度、职业状况如何；了解他们所关心和迫切需要解决的问题是什么，等等。否则，不看对象，演讲者说得再天花乱坠，听众也会感到索然无味，无动于衷，也就达不到宣传、鼓动、教育和欣赏的目的。要做到了解对象、有的放矢，有以下几种方法：

（1）对症下药法。

对症下药是要求演讲者抓住听众的心理需求，吸引听众注意力的演讲方法，需要是人对一定的客观事物的需求。美国心理学家亚伯拉罕·马斯洛的需求层次理论是较完整地分析人类需求的理论。马斯洛认为，人类的需求像阶梯一样由低向高按层次分为五种，分别为：生理需求、安全需求、从属和爱的需求、尊重需求和自我实现需求。生理需求是与有机体的生存直接关系的，包括人和动物所共有的饮食、性、排泄及睡眠。生理需要如果不能得到起码的满足，人类个人的生理机能就无法正常运转。换而言之，人类的生命就会因此受到威胁。在这个意义上说，生理需要是推动人们行动最首要的动力。在民主主义革命时期以及土地改革时期，工人和农民面临最大的困难就是饥饿，因此，老一辈革命家抓住民众的这一生理需求，进行演讲与号召，从而取得了一呼百应的效果，使革命得到了广大人民的支持。

安全需求的首要目标是减少生活中的不确定性。像住宅、工作、环境、秩序、人身安全等。儿童对这种需求表现得最为明显。如果对儿童的家长进行演讲，要讲授如何教育儿童的话题，那么首先要抓住对儿童的安全需求如何满足这一核心点，建议安排怎样的特殊措施和设施来保护儿童，这样就抓住了家长们的心，会使演讲效果倍增。

从属和爱的需求是人要建立相互之间的亲密联系，是一种彼此关心、信任的需要。人是有社会属性的，需要去爱，也需要被爱，否则人将空虚、无聊，还会孤独、寂寞、忧郁。像老年人就更渴望满足这种需求。

尊重需求，一方面是要求别人对自己重视，相应地产生威信、认可、地位等情感；另一方面也要求自尊，与此相应的是适应、胜任、信心等情感。

这两类情感一般都来自于个人从事的有益于社会的活动。一般地讲，健康的人都有尊重需求。这就要求演讲者不能滥用讽刺，而要让听众能从演讲中得到尊重需求。

自我实现需求位于需求阶梯之巅。就已经考虑到的动机状态看，健康的人只要满足了生理、安全、从属和友爱、尊重等需求，就会要求自我实现。自我实现被定义为潜在能力和天资在一个人发展过程中的不断实现。它是使命的完成，是个人自身内在本性的更充分的把握和认可，是个人自身的统一、完整和协同的一种不间断的倾向。简言之，就是自我进步的愿望。这就要求演讲者能了解、掌握听众需要，对症下药地安排、增删演讲内容，甚至决定演讲题目。

（2）心理定势法。

教育心理学家认为，教育必须在自觉自愿的基础上才能进行。只有在受教育者有了强烈的学习愿望和浓厚的学习兴趣的前提下，才能获得最佳效果。当一个人拒绝接受对方的意见时，他的抵触心理使其从精神到肉体都处于紧张收缩的状态。这种状态下的人，极不易改换思考问题的角度。反之，当一个人对谈话对象怀有好感，对谈话内容产生兴趣时，他的精神和肉体都会处于一种放松的开放状态。这种状态的人容易重新考虑或换一个角度思考问题。人们的一定心理活动所形成的准备状态，决定着以后同类心理活动的趋势，这就是心理定势。演讲中不仅要抓住人的需求，还要抓住人们的心理定势。心理定势具有传染性，不良的心理定势，会给演讲者带来极大的阻力。一场演讲，有一部分人鼓倒掌、喝倒彩，全场形势就很难控制。这就需要演讲者事先掌握听众的心理定势，在演讲中创造良好的心理定势，为演讲者获得成功铺路。抓心理定势，就是要营造出心理相容的气氛。听众乐于听取讲话是演讲成功的第一步。要让听众按照你思路思考，一步步向你的观点靠近。这就要求你的演讲内容不超出听众心理所能承受的程度，能够让他们“心悦诚服”。一旦超出听众心理相容度，就会让听众产生逆反心理和不良

的心理定势，演讲就会失败。

（3）心理反定势法。

心理反定势亦称逆反心理，一般是指人们彼此之间为了维护自尊，而对对方的要求采取相反的态度和言行的一种心理状态，它属于社会心理的一个组成部分。当我们对偏离目标的行为进行约束时，人们会产生一种内发的反向力量，使之更偏离正确目标的轨道。在人际交往中，因双方反面理解，这种心理状况构成一种抗体，阻碍我们对人们的行为进行有效控制。逆反利用法，正是根据上述心理因素，在论辩的过程中，利用对方的对立思想情绪，有意识地反过来说理论辩，使对方与你唱反调，以达到自己的预期目的。

（4）心理相容法。

心理实验证明：人们彼此之间的相似，就导致互相喜欢。共同的语言、共同的爱好、共同的感情，乃至相似的年龄、相似的工作或相似的经历，都容易使双方有效沟通，融洽相处。心理相容法正是基于上述心理因素而应用于论辩，是指论辩者通过体察对方的心理，从中找出相似因素，在双方之间建起互相理解、互相信任的桥梁，使人际交往顺利进行。

（5）心理满足法。

人的需求是多种多样的，人们总是在现实生活中去寻求满足。尽管人的需求五花八门，但在某一特定时间里，总是一两种需求占主导和支配地位。心理满足法以上述需求为依据，并应用于论辩，这就要求论辩者善于体察人心，了解对方最迫切的需求，有的放矢，并采用适当的方式予以激发和满足，使之产生所要求的行为。